REFLEXÕES DE UM INEXISTENTE
HISTÓRIAS DE LUGAR NENHUM OU UMA AUTOMEMÓRIA NÃO AUTORIZADA

Editora Appris Ltda.
1.ª Edição - Copyright© 2023 do autor
Direitos de Edição Reservados à Editora Appris Ltda.

Nenhuma parte desta obra poderá ser utilizada indevidamente, sem estar de acordo com a Lei nº 9.610/98. Se incorreções forem encontradas, serão de exclusiva responsabilidade de seus organizadores. Foi realizado o Depósito Legal na Fundação Biblioteca Nacional, de acordo com as Leis nos 10.994, de 14/12/2004, e 12.192, de 14/01/2010.

Catalogação na Fonte
Elaborado por: Josefina A. S. Guedes
Bibliotecária CRB 9/870

G385r
2023
	Galvão, Carlos Fernando
	   Reflexões de um inexistente : histórias de lugar nenhum ou uma automemória não autorizada / Carlos Fernando Galvão - 1. ed. - Curitiba : Appris, 2023.
	   160 p. ; 21 cm.
	
	   Inclui referências.
	   ISBN 978-65-250-3699-1
	
	   1. Memória autobiográfica. I. Título.
	
	                                          CDD – 808.06692

Livro de acordo com a normalização técnica da ABNT

Appris
editora

Editora e Livraria Appris Ltda.
Av. Manoel Ribas, 2265 – Mercês
Curitiba/PR – CEP: 80810-002
Tel. (41) 3156 - 4731
www.editoraappris.com.br

Printed in Brazil
Impresso no Brasil

Carlos Fernando Galvão

REFLEXÕES DE UM INEXISTENTE
HISTÓRIAS DE LUGAR NENHUM OU UMA AUTOMEMÓRIA NÃO AUTORIZADA

FICHA TÉCNICA

EDITORIAL	Augusto Vidal de Andrade Coelho
	Sara C. de Andrade Coelho
COMITÊ EDITORIAL	Marli Caetano
	Andréa Barbosa Gouveia (UFPR)
	Jacques de Lima Ferreira (UP)
	Marilda Aparecida Behrens (PUCPR)
	Ana El Achkar (UNIVERSO/RJ)
	Conrado Moreira Mendes (PUC-MG)
	Eliete Correia dos Santos (UEPB)
	Fabiano Santos (UERJ/IESP)
	Francinete Fernandes de Sousa (UEPB)
	Francisco Carlos Duarte (PUCPR)
	Francisco de Assis (Fiam-Faam, SP, Brasil)
	Juliana Reichert Assunção Tonelli (UEL)
	Maria Aparecida Barbosa (USP)
	Maria Helena Zamora (PUC-Rio)
	Maria Margarida de Andrade (Umack)
	Roque Ismael da Costa Güllich (UFFS)
	Toni Reis (UFPR)
	Valdomiro de Oliveira (UFPR)
	Valério Brusamolin (IFPR)
SUPERVISOR DA PRODUÇÃO	Renata Cristina Lopes Miccelli
ASSESSORIA EDITORIAL	Débora Sauaf
REVISÃO	Juliane Soares
	Isabela do Vale Poncio
PRODUÇÃO EDITORIAL	Raquel Fuchs
DIAGRAMAÇÃO	Andrezza Libel
CAPA	Bruno Ferreira

AGRADECIMENTOS

Este livro é dedicado à minha mãe e ao meu pai, postumamente, que me ensinaram o valor da vida e de tratar as pessoas com carinho e gentileza, além de um profundo sentimento de buscar, sempre, a justiça e a correção nas ações; à minha esposa, amante e cúmplice, Bárbara Pinheiro, por ser, além de tudo, a maluca beleza que é, sendo também, sem dúvida, amiga deste ser estranho que sou eu e que assumiu como autodefinição, no dizer de um amigo, que sou, também, um ET (extraterrestre), no sentido de me sentir um inadaptado a este mundo que não anda bem das pernas, por assim dizer. Agradeço aos amigos e amigas, minha família da vida escolhida, junto aos consanguíneos que também são amigos e amigas. Dedico, por fim, mas não menos importante, este livro à minha estrelinha de vida, minha filha, Fátima de Paula, que ilumina meus caminhos existenciais. Todos, na sua medida e possibilidade, me ajudam a tentar ser, hoje, um homem, um pai, um marido, um amigo, um cidadão, enfim, uma pessoa melhor hoje do que fui ontem. Muito obrigado a todos. E muito obrigado a você, que gentilmente irá ler este livro e dividir, comigo, sentimentos, percepções e umas tantas ideias sobre a vida, sobre o mundo e sobre nossas existências.

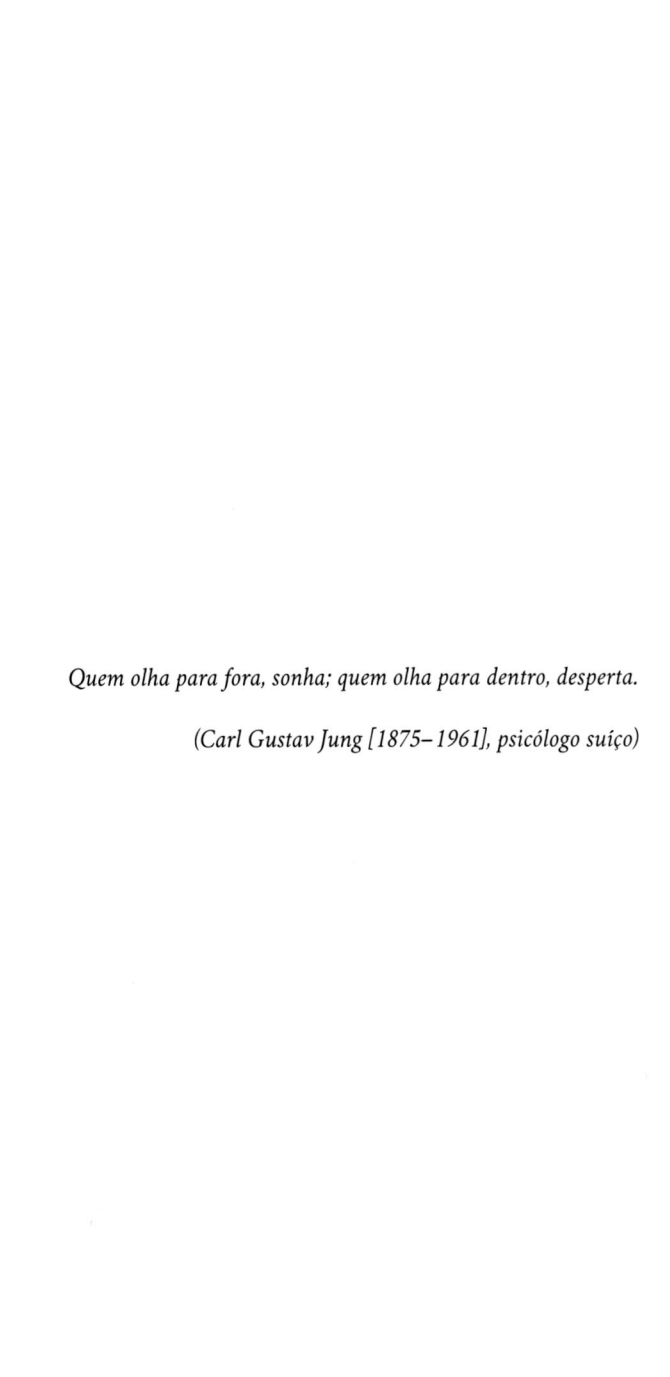

Quem olha para fora, sonha; quem olha para dentro, desperta.

(Carl Gustav Jung [1875–1961], psicólogo suíço)

APRESENTAÇÃO

A imposição de um tipo de realidade, sem contestação, nos imobiliza. Movimentemo-nos, pois! Contudo, para nos movimentarmos, tempestivamente e com consequência é necessário que antes efetuemos um bom planejamento, ou seja, que antes tenhamos uma ideologia (na boa acepção da palavra), viabilizada por uma metodologia de ação social eficaz. Vale aqui a ressalva de que não podemos permitir o nosso próprio engessamento nessa ideologia e nessa metodologia. Temos de ter a humildade para reconhecer erros no que fazemos e acertos no que os outros fazem, encarando os outros, na maior medida do possível e do jeito mais respeitoso que conseguirmos, como aliados que sentem e que pensam diferente, e não como inimigos a quem devemos humilhar e aniquilar (desde que todos ajam com ética, lealdade, generosidade, solidariedade e respeito). Mesmo adversários podem e devem se respeitar. É necessário ter lucidez e disposição suficientes para absorver os acertos dos outros e corrigir os nossos erros. Sobretudo, devemos acreditar em nós mesmos e em nossos sonhos, tentando realizá-los e tentar alinhá-los com os sonhos alheios, também legítimos, no geral.

Conformarmo-nos com uma realidade que não nos satisfaz é, infelizmente, usual. Com isso, a maioria das pessoas adere à cantilena da inevitabilidade do pensamento único e acaba por se deixar formatar, para usar um linguajar da moda, por poucos mal-intencionados. De cidadãos estamos nos tornando "contribuintes", meros pagadores de impostos e consumidores de produtos os quais, além de muitas vezes inúteis (tornados funcionais pela massificação midiática), têm contribuído para a degradação ambiental do planeta. Viver não tem sido fácil, e nos tornamos, não raro, algo impotentes perante o que consideramos ser maior que nós, tanto que passamos a achar que nada podemos fazer, e a maioria, ao render-se a essa realidade, assumindo-a como imutável, entrega-se à busca incansável por saciedades várias, fúteis, voláteis e egoístas, posto que, na maior parte das vezes, quem a elas consegue algum acesso parece se fechar na sua bolha de conforto e se esquecer das outras existências humanas. Somos, no mais das vezes, quase que invisíveis para os outros; porém, outras tantas, quando deixamos de ser um nada social, ainda que para nosso pequeno universo de vida, tornamos os outros invisíveis do mesmo jeito que estávamos antes. A *Síndrome do Celofane Humano* está presente, infelizmente, em nosso dia a dia de um modo avassalador; celofanes humanos não são percebidos como pessoas, senão como uns tantos nadas a serem ignorados; sequer explorados mereceriam ser, em vários casos.

O que fazer? Muitas são as respostas, contudo, a primeira coisa é não nos deixar abater de todo, e conhecendo-nos a nós mesmos, como pregava o filósofo grego Sócrates (470 a.C. – 399 a.C.), tornarmo-nos aquilo que sempre fomos ou que, ao menos, desejamos ser, tal como exposto pelo discípulo de Sócrates, o filósofo, também grego, Platão (428 a.C. – 348 a.C.).

A literatura é uma introspecção absolutamente essencial para o processo de autoconhecimento e de conhecimento do mundo, mesmo que, infelizmente, é o que acho (tomara esteja errado) a maioria das pessoas não perceba esse fato. Quem sabe um dia...

Fábulas, contos e crônicas são gêneros literários distintos, mas de algum modo complementares, ao menos de uma perspectiva existencial. Quer dizer, o existencialismo tem como mote a máxima de que a existência precede a essência (do *ser*). O filósofo francês Jean-Paul Sartre (1905–1980), um dos expoentes maiores dessa corrente filosófica, dizia que o *ser* não é, ele se possibiliza porque compõe, metamorficamente, um novo *ser* a cada novo projeto consciente de *ser*, fenômeno intrinsecamente temporal e consciente, envolvendo as percepções de fluxo de vida desse *ser* e, vale a lembrança, para Sartre, toda consciência é consciente de alguma coisa; toda consciência é transcendente. Outro filósofo existencialista, o alemão Martin Heidegger (1889–1976), expunha a ideia de uma característica do *ser-aí-no-mundo*, como chamava, um ente que existe e vai se construindo e reconstruindo na medida em que vive, o que também leva o *ser* e sua consciência serem entes espaciais.

Este livro, que ora trago à sua apreciação e, espero, deleite, querida leitora, prezado leitor, vem ao encontro do desejo deste escriba de não deixar que reflexões e percepções existenciais de vida, que reputo importantes, se percam porque ficaram restritas ao meu *ser*, em algumas de minhas "viagens" pessoais. Procurei, com este livro, conhecer um pouco mais de mim mesmo, para me tornar, cada vez mais, eu mesmo. O filósofo brasileiro Paulo Freire (1921–1997) dizia, existencialmente, que o mundo não é, está sendo. Sejamos, pois, nós e o mundo, aquilo que de melhor podemos ofertar a nós mesmos e aos nossos queridos e queridas. Vamos juntos?

PREFÁCIO

"...uma revolução precisa de tempo para se instalar".
Lanza del Vasto

Nada é por acaso. Fui apresentado a Carlos Fernando Galvão por um querido amigo comum, que aliás também muito admiro: Corinto Meffe. Só depois de algum tempo, entendi como nossos propósitos de vida são compatíveis: Galvão chegou no momento certo, agregando além das minhas expectativas iniciais à editoria Literatura do meu portal ArteCult.

Prontamente reconheci nesse legítimo carioca, bem-humorado torcedor do Fluminense, doutor em Ciências Sociais e Pós-doutor em Geografia Humana, mais um guerreiro da luz. Alguém que entende que, com sua busca pessoal, pode trazer a mesma revolução silenciosa e contínua que eu busco com o ArteCult: a transformação da sociedade pela arte e pela cultura.

Como sempre me lembravam meus pais, para entender a obra, precisa-se conhecer o autor e seu contexto no mundo. Pois bem, Galvão é um coração filosófico, generoso que, com este livro, entrega parte de sua vida para instigar os demais corações filosóficos ainda adormecidos. A filosofia é sua marca. Na verdade, é mais do que isso, é uma de suas principais ferramentas de transformação, ainda mais no atual contexto de intolerância em que vivemos submersos. Em momentos assim, a filosofia, esse instrumento revolucionário capaz de quebrar paradigmas, torna-se ainda mais necessária.

Nesse sentido, querido leitor, querida leitora, recomendo fortemente conhecer um pouco mais do autor por meio de sua coluna no ArteCult. Com seus maravilhosos e relevantes textos, você poderá, apenas para citar alguns exemplos, viajar e conhecer as principais religiões do planeta, conhecer mais sobre a mitologia grega e até traçar paralelos com nosso atual contexto político. Conhecer até um pouco mais de suas obras anteriores, como é o caso do incrível *"Um rasante na beleza carioca"*, na minha humilde opinião, simplesmente uma das mais belas e lúdicas homenagens escritas que alguém já dedicou ao Rio de Janeiro.

Este novo livro de Carlos Fernando Galvão é, portanto, mais uma de suas armas de promoção da REFLEXÃO. Usa fragmentos de sua própria história para provocar nossa alma. Certamente, muitos de seus leitores sentirão vontade de iniciar sua busca, sua própria jornada interior de autoconhecimento.

Então, conforme o convite do próprio autor, vamos embarcar nesta viagem. E aqui aproveito para reforçar: apertem os cintos, vale muito a pena dar um rasante na beleza desta nova jornada de Galvão.

Raphael Nogueira Gomide
Fundador e Diretor-Geral do Portal ArteCult

Site: ArteCult.com
Redes Sociais: @artecult
Canal de Vídeos: youtube.com/artecult

Rio, 23 de outubro de 2022

SUMÁRIO

CAPÍTULO 1 17
CAPÍTULO 2 19
CAPÍTULO 3 21
CAPÍTULO 4 24
CAPÍTULO 5 31
CAPÍTULO 6 32
CAPÍTULO 7 33
CAPÍTULO 8 34
CAPÍTULO 9 38
CAPÍTULO 10 40
CAPÍTULO 11 42
CAPÍTULO 12 43
CAPÍTULO 13 49
CAPÍTULO 14 52
CAPÍTULO 15 56
CAPÍTULO 16 60
CAPÍTULO 17 62
CAPÍTULO 18 63
CAPÍTULO 19 64
CAPÍTULO 20 65
CAPÍTULO 21 66
CAPÍTULO 22 67
CAPÍTULO 23 69
CAPÍTULO 24 70
CAPÍTULO 25 71
CAPÍTULO 26 72
CAPÍTULO 27 75
CAPÍTULO 28 76
CAPÍTULO 29 77
CAPÍTULO 30 78
CAPÍTULO 31 79

CAPÍTULO 32	81
CAPÍTULO 33	84
CAPÍTULO 34	85
CAPÍTULO 35	86
CAPÍTULO 36	87
CAPÍTULO 37	88
CAPÍTULO 38	89
CAPÍTULO 39	90
CAPÍTULO 40	91
CAPÍTULO 41	93
CAPÍTULO 42	94
CAPÍTULO 43	127
CAPÍTULO 44	154
BIBLIOGRAFIA DE CONSULTA E PARA APROFUNDAMENTO	158

CAPÍTULO 1

Tenho que ser sincero com você, caro(a) leitor(a): não lembro muito bem por que me deu vontade de contar os fragmentos da história que ora trago para o seu deleite. Quer dizer, espero que assim seja, uma vez que não estou bem certo se a história de alguém que você não conhece, com pitadas de alguns trechos escritos por um solene desconhecido, pode lhe interessar, tanto quanto não sei se passagens desconexas da vida de uma pessoa comum, mais uma dessas que passam aí, pela vida, tenham a capacidade de reter sua atenção a ponto de fazê-lo(a) refletir sobre sua própria vida ou, pelo menos, a ponto de fazê-lo(a) sorrir um pouco com a descoberta de um passatempo despretensioso. A história que tento contar é, como disse, a montagem de escritos que recolhi, de conversas ouvidas aqui, de depoimentos achados ali, enfim, juntando alguns dos fragmentos, antes mencionados, acabei percebendo certa conexão filosófica, por assim dizer, entre eles e me pus a imaginar que você, como eu, acabaria de algum modo também se identificando com os fatos narrados ou, ao menos, com alguns deles. Devo adverti-lo(a) também que você vai achar algumas reflexões minhas, que fui fazendo ao longo da pesquisa, optando por dividi-las com você.

Bem, para começar, já vou logo adiantando, não conheci o personagem da história, mas sei que os momentos, episódios e reflexões aqui narrados se passaram em algum lugar, quase certamente, do Rio de Janeiro, ao menos na maior parte dos acontecimentos. Tudo bem, tudo bem! Sei que é um jeito... digamos... peculiar de localizar espacialmente uma história: como assim, em algum lugar? É óbvio que se o que está aqui narrado foi o resultado da vida de alguém, os fatos aconteceram, inevitavelmente, em algum lugar. Nada acontece sobre o nada, talvez o dissesse o Conselheiro Acácio, personagem do escritor português Eça de Queiroz (1845–1900), que por meio dele criticava o pedantismo e a vulgaridade, como dizia, da "cultura bacharelesca"; Acácio só dizia o óbvio, porém com ares de ciência elevada e inquestionável. O problema é que não tenho como precisar, exatamente, onde se passaram os fatos que contarei e a própria menção ao Rio é fruto (quase que) tão somente de uma crônica do personagem que me foi entregue pelo filho de um amigo dele, de infância, desde quando estudaram juntos, ainda no que, antigamente, chamava-se de primário (hoje, esse nível de escolaridade equivale ao fundamental I, do 1º ao 5º ano). Quer dizer, em resumo, eles estudaram no Rio de Janeiro, mas não sei se tudo o que narrarei por lá se passou. Por outro lado, se digo que o narrado "foi o resultado", também já deixo claro que são acontecimentos passados. A partir dessa localização espaço-temporal pouco precisa, repito e admito, passo, então, ao que desejo contar: um breve relato de algumas ideias dispersas, contudo, de algum modo, interconectadas.

O interessante, também vale a ressalva, é que este livro acabou sendo, de algum modo, um diálogo entre este escriba e o personagem pesquisado e suas reflexões. Outro breve esclarecimento: tal como minha pesquisa apresentou eventos fragmentados, o livro também está estruturado desse modo. Assim, não procure, caro(a) leitor(a), uma sequência lógica entre um fragmento e outro: por vezes, o fim de um trecho, é seguido de um assunto completamente alheio ao anterior e, mais para a frente, é retomado. Às vezes é esquecido. Entendeu? É... eu sei, eu também não entendia muito quando comecei a pesquisa, mas no final as coisas foram ficando mais claras para mim, como espero que fiquem para você. Mas, também, o que é a vida, dentre várias definições possíveis, senão fatos e/ou momentos fragmentados e, muitas vezes, real ou aparentemente, desconexos, cuja ligação, não raro, está apenas na personagem que os materializa e os protagoniza ou, ao menos, que os observa a distância segura e deles retira lições várias e úteis para sua própria vida? Aos fragmentos, pois!

CAPÍTULO 2

Desde pequeno ele queria ser tudo. Como assim? Ora, você nunca ficou na dúvida entre ser um jogador de futebol ou um astrônomo? Um químico industrial ou um pedreiro? Um caminhoneiro ou um geógrafo? Pois é, ele pensou em ser isso tudo e praticamente tudo o mais que existe para ser feito na esfera profissional, excluindo, até onde pude apurar, as áreas da computação e da saúde. Não que ele as desprezasse, mas não tinha maiores interesses, embora isso não o tenha impedido de iniciar os estudos em Odontologia. Que louco! Sei, sei, você acha que isso mostra uma pessoa extremamente indecisa, não é? Sim? Não? Quem sabe, então, um indicador de pais relapsos que não souberam (ou não quiseram) orientar os filhos? Mas vem cá, será que não dá para pensar em algo mais simples, por exemplo, o fato de que, na verdade, ele era apenas uma pessoa que desde criança foi bastante curiosa e questionadora? Não podemos encarar a diferença como defeito, tampouco a dificuldade como obstáculo intransponível. Para ele, entretanto, apenas para o registro histórico, tal multiplicidade de interesses causou alguns problemas, como, no fundo, nunca ter tido uma carreira profissional e, não apenas por essa razão, mas também nessa área, sempre, sempre se sentir uma espécie de extraterrestre, um inadaptado, como muitas vezes ele mesmo se autointitulava. Creio que tenha morrido com essa inquietude, certa insatisfação consigo mesmo e com o sentimento de "o que eu estou fazendo aqui?". Enfim...

Apesar de amável no dia a dia, ele tinha algumas explosões repentinas de raiva, quando se transformava; isso na adolescência, embora com a maturidade esse lado fosse praticamente acabando, tanto que em sua mesa de trabalho havia as fotos de Gandhi e do Dalai Lama; descobri, até, que uma "chefa" o chamou de "o rei da comunicação não violenta". É, a gente vai aprendendo, né? Ele só era mais enfático e incisivo na política, como bom anarquista —, porém, é bom ressaltar, era totalmente contra violência, por princípio; ele achava que as sociedades deveriam mudar por conven-

19

cimento solidário e não por imposição autocrática. Retomando a descrição sobre sua personalidade, comuns na adolescência, tais explosões, embora nunca tenham desaparecido completamente, foram diminuindo de frequência e de intensidade com o passar da idade e sendo controladas, junto do aparecimento de um leve sono depois do almoço e dos cabelos grisalhos. O escritor irlandês George Bernard Shaw (1856-1950) dizia que a juventude é uma coisa muito linda para ser desperdiçada com os jovens. Concorda? Ele era também um pouco ansioso, não obstante seu autocontrole, além de ser um pouco agitado no dia a dia, tanto que sua mãe olhava para ele, às vezes, e o mandava tirar o dedo da tomada. Contudo, essa não era a única característica pela qual era lembrado pelos que com ele conviveram. Havia outras.

CAPÍTULO 3

Ele era muito engraçado! Bom, pelo menos era esse o conceito que ele tinha de si próprio quando soltava um de seus vários trocadilhos. Legítimo representante dos gozadores nem sempre engraçados, vivia sempre alerta, não perdendo uma única oportunidade para contar uma de suas famosas e, muitas vezes, "adoradas" piadinhas rápidas, como os trocadilhos. Tudo bem, as pessoas nem sempre riam com isso. Porém, sim, ele era engraçado, não o tempo todo, não contando piadas, mas a partir de pequenas, rápidas e inteligentes falas, observações e blagues. Não obstante, em alguns momentos, exagerava ou tinha seu "simancômetro" um tanto debilitado, e nesses momentos de "inoportunidade", por assim dizer, riso era o que menos se ouvia ao final de algumas de suas anedotas, tanto que um dia ele desistiu de contar piadas, mas manteve as "gracinhas" soltas, no meio da fala, essas sim, como escrevi há pouco, do agrado geral; era, desse modo, como se diz, espirituoso. Ele ia em frente com bravura e persistência. Afinal, como ele costumava dizer, na brincadeira: "Refinos humorísticos como o meu não são mesmo para o entendimento vulgar de qualquer um"; era do tipo que perdia o amigo ou a mulher, mas não a piada.

Como visto, era, até a maturidade (se é que ela chegou algum dia!), um piadista incurável, opa, uma comentarista arguto e irônico, como se tornou, conforme dito há pouco (até por querer agradar), e dizia gracinhas em alguns momentos que, segundo o entendimento geral, seriam pouco ou nada recomendáveis para piadas. Contaram-me que, certa vez, no enterro de um compadre, Loscar (é isso mesmo, era esse o seu nome — por si só, uma piada nem tão engraçada) adentrou a "câmara ardente" onde jazia o corpo, gritando: "E aí, gente! Esse enterro sai ou não sai? Será que nem no dia do descanso eterno o compadre Chico é pontual?". Desnecessário dizer que todos o olharam com ares de certa reprovação; ouviram-se comentários como "nem com cabeça branca ele aprende...", mas como já o conheciam... Lá pelas tantas, já impaciente com a morbidez e o ar um tanto patético que caracterizam os velórios, em geral, aproximou-se da viúva e, por cima do defunto, ofereceu-lhe balinhas, dizendo: "Olha comadre, é bom apanhar logo uma. Essas balinhas de morango são tão boas que é até capaz do falecido ressuscitar só para chupar uma delas" — e deu uma risadinha. A viúva pôs-se a chorar, e ele, que na hora não entendeu muito bem o motivo, foi gentilmente convidado (e levemente arrastado) a ir tomar um cafezinho na cantina, fora do salão onde o corpo era velado. Não sem antes deixar a sua "saideira": "Ô gente! Quem ia sair por este portal não era o compadre Chico? Será que ele tomou o meu lugar e eu não percebi?". Pois é...

Loscar foi uma pessoa, por bom tempo de sua vida, vejo isso hoje, da linha "ame-a ou deixe-a". Não que ele fosse má pessoa, pelo contrário. Era um sujeito solidário, generoso, honesto, afetivo e amigo. O único problema era ele ser, às vezes, e para alguns, um tanto... como posso melhor definir... inconveniente, segundo padrões convencionais, bem entendido. Muitos gostavam dele justamente por ser como era. E viva a diversidade da vida, não é?

Outra característica de Loscar era a distração. Era capaz de entrar em uma mesquita e saudar aos presentes com a palavra "*Shalom!*" ("paz", em hebraico) — crente que estava agradando. No casamento, quase arma um fiasco de proporções tsunâmicas. Ele chegou meia hora mais tarde do que a noiva, que já havia se atrasado 30 minutos, porque confundiu (quem o conheceu acredita que ele tenha se confundido mesmo) a hora que iria se casar naquele dia e foi jogar cartas com alguns conhecidos. E pior, nem isso conseguiria, já que sendo o dono do baralho o havia esquecido em casa. A sorte de Loscar foi que um primo dele, que estava indo para o casório, passou pelas proximidades e, ao vê-lo no bar, parou para perguntar se a cerimônia havia sido cancelada.

Mas vexame mesmo foi na lua de mel com sua primeira esposa. Distraído, relembrando flores d´antanho e madrugadas d'outras primaveras, ao conclamar a mulher para o leito nupcial, gritou pelo nome de uma antiga namorada, seu primeiro amor, ainda dos tempos colegiais e com quem sempre manteve amizade (como com todas as suas ex-namoradas, diga-se de passagem). A esposa, que conhecia a menina cujo nome fora proferido em alto e bom som e morria de ciúmes dela, saiu do banheiro "soltando fumacinha pelas orelhas". Pouco adiantou que ele tentasse explicar a ela que só falou o nome errado porque, enquanto esperava que ela acabasse de se arrumar, estava pensando em seus antigos amores e no quanto ele a amava, ela, sua esposa, seu último e definitivo amor... Inútil. Não colou. Esse "pequeno" engano, somado ao atraso na cerimônia — a esposa descobrira o que acontecera porque o próprio Loscar fez uma piada sobre o ocorrido enquanto a fila de cumprimentos se formava — fez com que ela emburrasse por uns dois dias. Assim, as duas primeiras noites nupciais foram perdidas. A consorte era um doce de menina, mas quando se irritava... A distração de Loscar só era comparada ao bom humor — ainda que, como vimos, nem sempre compreendido — com que encarava a vida. Ele costumava dizer que "mau humor é a desculpa que alguns mal-amados têm para não viver, porque vida é alegria".

CAPÍTULO 4

Loscar e Bárbara se conheceram, já na maturidade, ou como se diz, "jovens há mais tempo", no trabalho. Para deixar esse conhecimento registrado para a posteridade, Loscar decidiu registrar o início da relação deles e achei interessante trazê-lo para sua apreciação, caro(a) leitor(a), como o primeiro fragmento de ideias dessa figura estranha que pesquisei. Ele começou o registro um tanto despretensiosamente, na forma de um diálogo fictício entre sua esposa e uma amiga, e depois passou o registro para o estilo de prosa, como se fosse um conto e como se o personagem masculino do texto não fosse ele mesmo. Vou transcrever, *ipsis litteris*, o que ele escreveu ou, ao menos, até onde pude descobrir que ele tenha escrito.

Loscar começou o texto dele assim:

Elas, que não se viam havia um bom tempo, dada a correria desenfreada, massacrante e desumanizante da moderna vida capitalista, se esbarraram, literalmente, na hora do almoço e se abraçaram.

— Bom dia, querida. Quando foi a última vez que nos vimos? Parece que a gente só consegue tempo para mandar um *zap* de vez em quando dizendo que tem que se encontrar, né? (e riram por conta da fama do carioca de sempre dizer isso sem, contudo, materializar o desejo, ao menos na mesma intensidade da fala) ou para se falar no Facebook, em dias ou períodos de festa! Tudo bem com você?

— Bom dia, meu amor. Vou levando. O trabalho está na mesma, mas para manter o otimismo, você sabe que gosto de pensamentos positivos, só o fato de não ter piorado já me dá certo alento.

— Verdade. E no mais? As "crianças"? O coraçãããão...?

— (Rindo) Os filhotes vão bem. Minha filha já se formou e está trabalhando; linda como sempre. Puxou a mamãe, né? (e dá uma gostosa risada, como só ela sabia dar). Meu filho ainda está estudando e está meio perdido, como muitos jovens neste país das "não oportunidades", mas vai se achar, confio nele. Já o coração... bem, está calmo, embora gostaria mesmo é que estivesse agitado, se é que me entende (e dá uma piscadinha de olhos para a amiga, que sorri de volta, um sorriso acolhedor, em uma troca de sinais e sentimentos que só outra mulher é capaz de entender). Ela é muito doida. Bom, não literalmente doida, mas aquele tipo de pessoa um tanto avoada, esquecida e meio desorganizada. Ao mesmo tempo, é verdadeira, honesta, sincera e alegre, muito alegre. Pensando bem, seria melhor o qualificativo "doidinha"; é simpático e fica mais de acordo com o que estou querendo dizer. É uma mulher querida por todos os que a conhecem.

Outra de suas características é falar, falar muito. E por vezes falar coisas que, se para a maioria soaria meio sem sentido, por pouco usuais. Quando é ela a dizer a coisa estranha, pela simpatia e jeito de falar, todos riem e adoram o surrealismo, digamos assim, que emana de suas declarações coerentemente desconexas, muitas vezes. A evocação artística aqui não contém nenhum demérito, pelo contrário. Se você pensar bem, o surrealismo (e o psicodelismo) é o que há de mais próximo da cabeça "desmiolada" de todo ser humano, mesmo daquelas pessoas mais "quadradinhas". Como já disse Caetano Veloso, de perto ninguém é normal. Exagero? Imagine uma mulher dizer para um grupo de amigas que deseja ter uma ereção; imagine-se ouvindo isso. O que você diria?

Não, ela não é lésbica, embora não discrimine aquela que o seja. O que ela diz é que deve ser muito gostoso sentir uma parte do próprio corpo latejar e crescer no momento da excitação sexual — as amigas mais chegadas vivem dizendo que ela é "danadinha". Talvez se outra mulher qualquer dissesse algo assim, as pessoas estranhassem ou até recriminassem, mas nela, pela figurinha divertida e gente boa que é, além da relativa "excentricidade" divertida, tudo são flores e graça. Acho que foi para pessoas assim que Raul Seixas (1945–1989) compôs o clássico "Maluco Beleza". As amigas, quando a ouviram dizer isso, morreram de rir ao escutar mais uma das ideias pouco ortodoxas, por assim dizer, que ela vive tendo e falando para quem queira ouvir. Ela não se controla, mas ri, com galhardia, de si mesma, e essa é uma das características que as pessoas mais gostam nela. Quem pode caçoar de quem conta e ri, em alto e bom som, as próprias doideiras e "derrotas"?

Nesse mesmo dia, ao regressar da reunião que tivera, logo a seguir do encontro com a amiga que lhe perguntara sobre o coração, não o órgão, claro, mas referindo-se ao sentimento arrebatador que acomete uns e outros, o qual já não a arrebatava havia algum tempo, mas que desejava voltar a sentir, ela tem novo esbarrão, só que dessa vez no corredor do trabalho e com um homem, um conhecido. Muitos outros esbarrões, nem sempre literais, e alguns propositais, viriam depois desse dia. Tais encontros casuais (como disse, às vezes nem tão casuais assim) foram lhe contentando. A ele também. Mas por um bom tempo, acredite, por alguns anos, tudo o que aconteceu entre eles foi a ocorrência desses "encontros" no corredor, onde cruzavam olhares e leves desejos, ainda que um tanto velados. Em momento algum, por esses anos, um ou outro não tomou qualquer iniciativa que fosse; estando ou não acompanhados, nunca houve, nesses anos, nada além da troca eventual de olhares no corredor do trabalho. Contudo, sendo o mundo uma esfera, apesar de uns e outros idiotas afirmarem que a Terra é plana (esse pessoal ainda não conheceu Eratóstenes, que mediu, antes de Cristo, a circunferência de Terra com uma estaca de madeira e usando a dedução lógica, que dirá Galileo e seu telescópio, Newton e Einstein, com a gravidade etc.; um dia, quem sabe...). Repetindo, sendo o mundo uma esfera, a vida, não raro, a segue na circularidade e também dá suas voltinhas...

    Bárbara e Loscar tinham se separado no mesmo ano, mas não sabiam, porque sequer se conheciam. Só mudou o mês: ela em abril, mês de seu aniversário (e do dele também), e ele em setembro. Eu disse que essa paquera era despretensiosa, tanto que nem uma paquera de verdade podia ser considerada. Mas um dia, 13 anos após terem se olhado pela primeira vez no corredor do trabalho (é isso mesmo: eu disse 13 anos!), algo mudou. Os dois estavam sozinhos novamente e aí não teve jeito. Como o povo diz, "pintou um clima" e, coincidentemente, em outro corredor, em outro local do trabalho de ambos, para o qual haviam sido designados, depois de terem ficado uns... sei lá... dois ou três anos sem praticamente se verem.

Houve um encontro de final de ano de colegas do trabalho. Ela, com uma amiga, procurou na ocasião forçar um encontro com ele e por pouco a chopada não "furou", mas no fim acabaram se encontrando e foi melhor do que a encomenda. Por questões fortuitas, nada combinado mesmo, por cerca de uma hora ficaram ela e ele, sozinhos, na mesa do bar, até que alguém, a amiga e outra menina do órgão, chegasse. Isso lhes deu tempo para que entabulassem uma conversa... digamos... um tanto picante. Conversa regada a chope e whisky, falaram, falaram e se conheceram efetivamente, já que antes eram apenas trocas de meia dúzia de palavras, além dos olhares eventuais, fortuitos, à socapa e de supetão; falaram sobre gostos pessoais, ele expondo seu gosto pelo rock and roll, e ela sobre o samba, sobre rodas de samba na Pedra do Sal... E novamente o acaso, esse imprevisível esperado, atuou. Ele havia marcado outra chopada, com um amigo e com duas meninas, na Lapa, bairro famoso da boemia carioca, para depois da happy hour com o pessoal do trabalho. Uma das meninas seria o "alvo" dele para aquela noite, mas ela não quis "esticar" o chope naquele dia, alegando cansaço, talvez porque a amiga havia furado e o colega ficaria sozinho. Verdade? Desculpa esfarrapada? Vai saber... Enfim, o fato é que o encontro que ele tinha articulado não aconteceu.

Bom, ele recebeu uma ligação dela, porque ela achara que ele havia ligado, mas deve ter sido aquele engano, quando, em um aparelho celular, você aperta sem querer o número de alguém. Só que nessa conversa ela comentou que outro amigo havia lhe convidado para ir a um samba na... Pedra do Sal. Ligeiro, ele perguntou para ela se poderia ir junto e, claro, ela aceitou. Ao chegar, ele foi falar com ela, mas já a enlaçando pela cintura, como quem diz "essa mulher é minha" e ela, que deu aquela famosa "tremidinha na base" (segundo confessou, posteriormente), recomeçou aquele gostoso joguinho de sedução, quando os dois fazem o possível para efetivar aquilo que os dois já desejam e expressam, nos olhos e nos gestos... Decidiram ir, com o amigo dele e uma amiga dela, que lá estava, para o *Rio Scenarium*, casa de MPB na Lapa, e foram no carro da amiga dela. O outro homem do grupo, amigo dela que a levara, com uma amiga, para a Pedra do Sal, decidiu ficar por ali mesmo. Ao entrar no veículo, ele, sem nada falar, aprochegou-se e, como se diz no popular, "roubou-lhe um beijo", prontamente retribuído por ela. Começaram, desse dia em diante, a se encontrar com vagar. Simples assim e juntos estão até hoje.

O registro anterior, de Loscar, até onde sei parou por aí. Estou fazendo este relato para que você veja, outra vez mais, como a vida é surpreendente. Diz o ditado que a vida imita a arte, muito embora, como dizia o escritor britânico Aldous Huxley (1894–1963), a ficção faz todo sentido, mas a vida não — ao menos não necessariamente. Poucas coisas são mais surreais do que a própria vida. Salvador Dalí (1904–1989) talvez tenha sido, como disse anteriormente, um dos mais "realistas" (junto a Kafka e demais surrealistas) de todos os artistas, porque representou em sua arte, como poucos, um dos mais fiéis retratos da psique humana. Eis por que ela, a nossa personagem, com todo surrealismo de que falei antes, estava plenamente conectada com o mundo. Nas palavras de outro escritor, Ferreira Gullar (1930–2016), a arte existe porque a vida não basta. Talvez a organização, real e psíquica, de uns e outros seja a famosa exceção que confirma a regra, talvez... Talvez certa desorganização, em algum grau, seja a regra. Talvez...

Os opostos nem sempre se atraem, a não ser quando há, aqui e ali, poucas ou, preferencialmente, para dar certo, algumas ou muitas (apesar da oposição) confluências, e foi justamente esse o caso desse estranho casal comum. A "Maluca Beleza" com o "Sr. Certinho" (ou nem tanto, mas vamos classificá-lo assim para dar um efeito de relativa oposição); um casal, por alguns aspectos e deste ponto de vista, talvez um tanto insólito. Baseado apenas nessa descrição superficial, talvez não pudesse esse casal "dar certo". Entretanto, ao descobrirem coisas em comum, não apenas ficaram juntos, como gostavam de ficar "grudadinhos" um no outro.

Como ia dizendo, o surrealismo é o mais realista, pelo ponto de vista que estou aqui a adotar, das criações artísticas humanas. E ela era uma boa personificação do surrealismo. Exagero? Bem...

Ela era do tipo de pessoa que podia entrar em um cinema e, ao se sentar e ficar desesperada procurando o celular na bolsa, lembrar que o tinha "esquecido" na livraria em que tinha ido antes, e isso depois do marido ter saído do cinema para procurar o aparelho, voltando de mãos abanando e, ao olhar para ela, vendo-a com a cara mais deslavada do mundo, dizendo que achou o celular... na bolsa.

Ou de estar em um almoço com antigas colegas de trabalho e depois de elogiar todas, dizendo que elas estavam com muito boa aparência, comentar em voz alta que estava achando isso porque estava sem os óculos. Mas nela isso é engraçado e as amigas sempre perdoavam esses deslizes, porque nela era "natural" e ela é tão simpática que poucos conseguem ficar de mal com ela.

Ela era capaz de proezas como perguntar a uma mulher, já com certa idade, de quantos meses estaria grávida e ouvir como resposta que apenas tinha engordado... ou dar "furos", como dizer para um colega de trabalho, meio por brincadeira, um tanto por distração, que o pedaço de bolo que ela não iria comer e que ele, o colega, havia pegado para comer talvez não estivesse bom porque, rindo, estava meio "babado", e ouvir do colega, com malícia, que babado por ela era melhor... Essa era nossa amiga. Loscar a chamava de "minha personagem de comédia" e também se divertia com ela. Ela conta isso tudo e muito mais para ele, porque a relação dos dois era baseada na amizade e na confiança, tanto que as amigas se espantam com algumas coisas que ela dizia para o marido, como quem a "cantou" ou, ao ver o marido entrar no quarto, saindo do banho, um tanto "animado", ao chegar perto dela, ela, que estava vendo e ouvindo um vídeo de uma música do *Queen* no celular, disse para ele: "Eu daria para o Fred Mercury". Ele riu, deu meia-volta e foi preparar seu lanche, só a procurando novamente para o sexo, pouco antes de dormirem, depois do "impacto". Era uma bonita relação.

Enfim... retomando a questão do "grudadinho", para fechar este capítulo da relação dos dois, não raro, ela parecia preferir ficar em casa, deitada com ele, agarradinha, momento em que ele lhe fazia um carinho de leve, com a ponta dos dedos (eles chamavam de "fazer dedinhos"). E com o passar do tempo, foi isso mesmo o que passou a acontecer, cada vez mais. Ela até dizia que, às vezes, "fazer dedinhos" era melhor do que sexo. Só ela mesmo. E pelo visto, Loscar também gostava dessa situação.

Não obstante essas... digamos... idiossincrasias da personagem, a despeito das abissais diferenças que os separavam, de algum modo, talvez fosse o que os unia, talvez. Contudo, imagino que algo que certamente os unia era o fato de serem, ambos, afora os defeitos que têm, como de resto todos temos, é que eram, além de honestas e sinceras, boas pessoas. Neste mundo nada empático em que vivemos, isso não é coisa para se desprezar.

CAPÍTULO 5

Muitas foram as situações... diferentes, por assim dizer, ou mesmo cômicas, em que Loscar se meteu pelo seu jeito característico de ser. É claro que algumas de suas piadas e sua distração também contribuíram para isso, mas acho que esse foi o preço que ele pagou por ter sido ele mesmo, sem máscaras sociais impostas e, pior, aceitas, no mais das vezes, pelas pessoas em geral.

CAPÍTULO 6

Fragmentos de uma vida, como disse antes, não compõem uma vida, mas podem dizer muita coisa sobre ela — e sobre várias outras. Os indícios das ações e pensamentos humanos podem ser mais reveladores sobre quem os realizou do que relatos parciais daquelas ações e pensamentos feitos por terceiros.

CAPÍTULO 7

Loscar sempre foi, como o chamou certa vez um tio dele, um "especialista em generalidades". Eu sei, eu sei. Há certa contradição de termos nessa definição, mas todo ser humano é a própria contradição em pessoa. É ou não é? Não somos todos, de algum modo e em alguma medida, a metamorfose ambulante cantada pelo maluco beleza e poeta da MPB, Raul Seixas? Pois então, assim era com Loscar, e nada melhor do que uma expressão contraditória para definir uma pessoa, afinal de contas, também contraditória.

E a contradição de Loscar talvez já tenha começado antes mesmo dele nascer. É que os seus pais aguardavam uma menina, a quem chamariam de Letícia. Aí nasceu um menino, de modo inesperado ou, ainda que forçando a barra do conceito, contraditório. Pois é, e veja só, logo na sequência, ainda no berçário, veio a segunda "contradição". Ao pensarem no nome do garoto, o irmão mais novo e futuro compadre de Mário, pai de Loscar, sugeriu o nome "Carlos", um amigo dele que muito lhe ajudara num passado recente. Gozador, Mário sugeriu então a inversão do nome: "Que tal se, ao invés de Carlos, invertêssemos as sílabas e chamássemos o garoto de 'Loscar'? Nós não esperávamos mesmo uma menina, Norma?". A mãe "entrou" na brincadeira e, achando um nome diferente e único, como seu filho (como, aliás, são todos os filhos para os pais amorosos, não é?), disse: "Perfeito, Mário, esse é um bom sinal e é um nome que não terá igual, com certeza" — e riu muito da ideia. Embora fosse gozação dela, Mário aceitou a "sugestão" e registrou o filho como "Loscar". Norma, um tanto contrariada a princípio, pois realmente achava que fosse brincadeira de Mário, acabou aceitando, e as contradições, ou ao menos as esquisitices, acompanharam o menino desde então e para sempre.

CAPÍTULO 8

Loscar foi um garoto tímido, por isso, desde pequeno, acostumou-se a brincar sozinho. Não que ele tivesse dificuldades de relacionamento com outras crianças; pelo visto não tinha, mas sua timidez o deixou introspectivo o suficiente para se acostumar com alguma medida de solidão e até mesmo a gostar dela. As pessoas, em geral, parecem temer a solitude porque acham, imagino eu, que ela é, necessariamente, sinônimo de um estado de isolamento tão grande que, maior do que suas forças internas, as confinarão numa clausura da qual dificilmente sairão. Contudo, Loscar pensava assim: "Qual a melhor companhia para você? É você mesmo, ora!". É o que ele sempre dizia. O que você acha, querido(a) leitor(a)?

Por mais sociável que seja, haverá momentos em que você ficará, inevitavelmente, sozinho: no banho, no travesseiro, na morte... E aí? Como suportar isso se você não se suporta, se você não se basta, se você não dialoga consigo mesmo, com honestidade e carinho, se você tem medo de encarar a si próprio? Loscar se surpreendia ao ver pessoas em superficial comunhão de alegria, fosse no trabalho, fosse em festas, mas só na aparência. É claro que nem todos são assim, mas a impressão que ele tinha — e hoje compactuo com a ideia — era que a maior parte das pessoas vivia um intenso processo de "solidão coletiva". Já sei, lá vamos nós para mais uma expressão contraditória. Mas eu explico: para Loscar, era difícil compreender como podiam as pessoas se autointitularem seres gregários, se não sabemos (e ainda não descobrimos como, acrescento) viver harmoniosamente em grupo, segundo ele, por três razões.

A primeira é que vivemos de aparência. Usamos "máscaras sociais" em nosso dia a dia. É difícil encontrarmos pela frente alguém que seja autêntico em todos os lugares. No fundo, parece que somos atores versáteis que representam papéis diferentes: somos homens ou mulheres, gays ou héteros, somos funcionários; somos amigos; somos familiares, e por aí vai, e não raro podemos ser frios e distantes em casa, sendo, ao mesmo tempo, cordiais no trabalho e vice-versa. Mas se somos um só, por que isso? Ou será que não somos um só? Criamos um modo de vida falso, que nos leva a nos desdobrarmos como se um não fôssemos, para muitos virmos a ser e, não raro, esses muitos "eus" são conflitantes, contraditórios mesmo. Além de cínico, é cruel conosco e com os outros.

A aparência é só uma casca que oculta a polpa ou, se você souber "ler e interpretar" o mundo e a vida, a casca pode mesmo definir a polpa? O continuísmo desse processo, como dizia Loscar, têm-nos feito jogar fora a polpa e ficar apenas com a casca? Bom, a casca, por si só, sem a polpa, não se sustenta, e por isso o que temos visto, como Loscar constatou, é um progressivo e cada vez mais profundo desabar-se (do Homem) sobre si próprio, tanto quanto, de algum modo, a tal "civilização" está implodindo sem o perceber, achando que são apenas pequenas faíscas, passíveis de correções setoriais. Contudo, a gigantesca crise ambiental, ou seja, da própria vida, no planeta está aí mesmo, para nos alertar e para não me deixar mentir.

Será nosso destino o mesmo das estrelas de 1ª grandeza, as quais, brilhando intensamente, no final explodem em magníficas, mas mortíferas supernovas? Por outro lado, de qual aparência estamos falando? Se o ser humano é, por natureza, contraditório e mutante, a aparência também o será, como Loscar achava. Ou não? Ele dizia que somos aquilo que pensamos e/ou aparentamos ser no momento exato de nosso pensamento, da sensação e da ação.

Se, como afirmavam Platão (427 a.C. – 347 a.C.) e Aristóteles (384 a.C. – 322 a.C.), o momento é uma coisa inapreensível, eternamente submetido ao passado e ao futuro e exprimido entre eles, este momento é, como mostrou Carl Jung (1875–1961), a percepção que temos dele. Desse modo, quando pensamos em ser alguma coisa, não conseguimos assumir plenamente a aparência do novo *ser* pensado e sentido, dado que a sucessão de eventos já faz, de algum modo e em alguma medida, com que o *ser* presente seja o seu próprio *ser* passado, ainda no presente. O filósofo Jean-Paul Sartre (1905–1980) mostrou que não somos o que somos, apenas aparentamos ser o que pensamos ser. Aparecer é mostrar-se, mas deveríamos nos mostrar como o conjunto polpa-casca, e não (quase que apenas) como casca, e uma vez que temos esquecido esse princípio ou não o temos valorizado na devida medida, temos, muitas vezes e em vários momentos, implodido em aparências enganadoras e ilusórias. Para Loscar, essa era a principal dificuldade a superar para que passássemos a viver harmonicamente em coletividade. E sabem d'uma coisa? Eu concordo com ele. A falsidade não nos ajuda a sermos melhores.

A segunda razão que nos faz ter problemas para a convivência afetiva em termos coletivos é que não sabemos, em regra e no geral, ser solidários uns com os outros, salvo nas grandes tragédias humanas. Solidariedade é o cimento da construção coletiva, por assim dizer. Junto da generosidade. Ou deveriam ser. E ser solidário é criar laços e vínculos fraternos com o outro, qualquer que seja esse outro. A percepção do "eu" vem a partir da compreensão do outro, afirmam filósofos, psicólogos e psicanalistas. Intuitivamente, era isso o que pensava Loscar. Para ele, a solidariedade (e a generosidade) é uma das mais fortes expressões do amor entre nós; é um convite para que saiamos um pouco de nós mesmos e nos encontremos no outro. Ora, para que isso aconteça, a "polpa" humana tem de estar madura. Mas não a temos desperdiçado? Nossa "casca" não tem se sobreposto, cada vez mais, à nossa "polpa"? E agora? Loscar nunca se conformou com atitudes como "tudo bem, as coisas são assim mesmo". Conformismo é para os covardes, para os fracos ou para os inconsequentes, era o que ele dizia. E é verdade. Sem a solidariedade, o grupo se fragmenta e não há o que o faça viver dignamente sem essa vivência.

A terceira e última razão é essa palavrinha odiosa chamada egoísmo. Nosso dia a dia é uma sequência exponencialmente constante de sentimentos e pensamentos e ações egocêntricas, como dizia Loscar. Ele até reconhecia que nem todos somos assim, mas o incrível é que mesmo os que não são têm, frequentemente, atitudes egoístas. E ao reconhecer isso, Loscar também identificava algo muito importante e que parece que boa parte das pessoas hoje esqueceu ou mesmo desconhece: que uma das maiores grandezas humanas está justamente no fato de que muitas pessoas (ainda) têm conseguido superar as falhas aqui apontadas e, mesmo não as eliminando de todo, têm contribuído substancialmente para a construção de um mundo decente, mais justo e fraterno. Isso dava esperanças a Loscar, tanto quanto dá a mim também.

CAPÍTULO 9

A vida possui uma série de definições, mas duas das que mais agradavam a Loscar eram: "a vida é uma sucessão diária de escolhas" e "a vida é uma eterna despedida". Ele gostava de recordar uma história que lhe contaram sobre um sujeito que chegou quase morto a um hospital e, antes de ser submetido a uma cirurgia, pois fora baleado, quando questionado sobre se ele teria algum tipo de alergia, ele disse: "Sim, tenho alergia à morte". Todos riram e ele sobreviveu, pois, para além dos acertos da intervenção médica, fora operado como um vivo e não como um morto, conforme o entendimento de Loscar. Ele achava que o bom humor com que esse homem da anedota encarou a adversidade tinha-lhe sido essencial para que superasse o momento ruim; a opção pelo otimismo e pela esperança, sem perder o realismo, lhe ajudou a salvar a vida, dizia Loscar.

Em certa medida, nós realmente escolhemos qual o tipo de vida que desejamos levar, até porque existe uma abissal diferença entre conhecer um caminho e percorrê-lo. Temos, ao menos no plano interno, das ideias, a liberdade de ser tudo o que desejamos ser; é no sonho (dormindo ou acordado) que somos o que não conseguimos ser; é por ele que podemos obter o que não conseguimos ter, além de fazermos o que nos é vedado ou que está fora do nosso alcance pelos mais diversos motivos. Se nem na sua imaginação você consegue se perceber livre, cuidado!

Herbert de Souza, o Betinho (1935–1997), sociólogo brasileiro, costumava dizer que devemos ser o melhor que pudermos, todos os dias. E a competição primordial deve ser conosco mesmo, ou seja, devemos ser, a cada dia, melhores do que nós mesmos, não melhores do que outro, simplesmente, embora aqui e ali, de modo honesto e solidário, isso possa acontecer, posto que o ideal é que esse outro seja nosso aliado no bem viver; a competição com o outro é (deveria ser) bem mais interativa e respeitosa do que é (tem sido). Encarar o adversário como inimigo é um erro, porque esse a gente aniquila, aquele a gente apenas combate, dentro de certos limites éticos e regulamentares, e de preferência no plano das ideias, apenas. É isso aí, ao seu modo, até onde pude apurar, o que Loscar tentou fazer em vida, e mesmo quando não conseguiu, não desanimou. A vida é bonita e valiosa demais para que a tornemos irrelevante ou meramente uma existência (quase) vegetativa. Serão a liberdade e a responsabilidade fardos por demais pesados para serem assumidos e carregados pela maioria? Estará correto o escritor Milan Kundera, ao propor como título de sua mais famosa obra a máxima de que vivemos *A insustentável leveza do ser*?

CAPÍTULO 10

Despedir-se é quase sempre um ato de coragem, e fazê-lo com elegância e inteligência é, sobretudo, arte, compondo a arte de bem viver. Despedimo-nos um pouco de nós mesmos, todos os dias, mas nem sempre nos reencontramos. Para tanto, é necessário nunca esquecermos de onde partimos, na maior medida possível, termos ao menos noções de para onde estamos nos encaminhando. Só que isso é, muitas vezes, um tanto difícil, já que costumamos andar, andar, andar... e andar, andar, andar... Distraídos e alienados do caminho, muitas vezes, nos perdemos em atalhos e desvios. Por outro lado, andamos tanto que muitas vezes já nem sabemos mais aonde queríamos chegar, e como dito antes, não raro, acabamos por nos esquecer de onde viemos ou quem somos, embora a essência desse ser irrequieto que somos todos seja construída na medida em que caminhamos. Nossa essência, volátil, pressupõe uma existência profícua, feliz e inspiradora. A falta de rumo nos leva a um interessante estado: o de peão, ou seja, o de rodar sem rumo e, sem solução, tombar inertes. Inevitável. Por isso é que, reiterando, uma noção mínima de onde queremos chegar é essencial para que nos reencontremos em nós mesmos e nos achemos no mundo.

E onde entra a despedida nessa história toda? Como dizia Loscar, a despedida não precisa ser, obrigatoriamente, um fim em si mesmo, embora não exclua essa possibilidade. Uma despedida pode — e deve — ser um novo princípio, um começo possível do antes ignorado, pois ela pode nos abrir portas várias enquanto nos fecha uma (ou mais). Como assim? Não são poucas as oportunidades em nossas vidas em que temos a chance de escolher um ou outro caminho. Tal como o homem da anedota, que "escolheu viver", podemos normalmente optar, no mínimo, por nós mesmos. E cada opção é uma despedida. Optar por um caminho é abandonar outro, em geral e quase que obrigatoriamente. Sem o desprendimento, por pouco que seja, da despedida e sem o despedir-se de nosso antigo

REFLEXÕES DE UM INEXISTENTE:
HISTÓRIAS DE LUGAR NENHUM OU UMA AUTOMEMÓRIA NÃO AUTORIZADA

"eu", a vida pode se complicar e as pessoas podem se fechar sobre si mesmas e não saírem do círculo vicioso do autorreferenciamento excessivo e alienante.

CAPÍTULO 11

Loscar buscava a si mesmo, sempre. Na verdade, pelo visto, ele nunca saiu para valer da crônica e permanente crise (com um quê de adolescência) existencial que o acompanhou por toda a vida. Ele se dizia um eterno otimista insatisfeito, quer dizer, uma pessoa que, sem se deixar abalar pelas vicissitudes da vida, acreditava que as coisas poderiam melhorar, por piores que parecessem estar. Isso, para ele, o levava em frente.

CAPÍTULO 12

Opção é tudo na vida. Pensando bem, talvez seja a própria essência do nosso viver. Quem para não anda. Quando optamos, andamos, ainda que não saibamos muito bem para onde. Por que você está lendo este livro agora e não outro? Por que ler qualquer coisa, aliás? A opção pela literatura é uma das melhoras formas para que possamos continuar andando nesta vida; é um caminhar para dentro de nós mesmos, que é um caminho muitas vezes tortuoso e difícil, mas extremamente prazeroso quando percebemos ter chegado a um lugar interno com o qual nos identificamos. Ler é uma libertação, dizia Loscar, reproduzindo frase que lera, não se lembrava ao certo onde, da escritora Nélida Piñon – e ele gostava de completar a ideia dizendo que escrever e ouvir são também processos libertadores. Enfim, viver feliz (ainda que, possivelmente, não exista "a felicidade", senão momentos felizes) consigo é ser, de algum modo, livre. Contudo, o exercício de uma consciência livre pressupõe a responsabilidade!

Para Loscar, a literatura começa quando terminamos de ler o livro. A linearidade literária, se for desse modo entendida, pode roubar do leitor o exercício que talvez lhe seja mais valioso: reconstruir a história segundo sua própria experiência. O autor pode, é claro, mostrar suas opiniões e impressões, mas de modo algum, penso como Loscar, deveria o autor quase que impor conclusões definitivas e incontestáveis, algo como a "moral da história".

A maioria dos contos de fadas começa com o famoso "Era uma vez..." e termina com o indefectível *"[...] e viveram felizes para sempre"*. Do ponto de vista da literatura, e mais ainda da vida, isso está correto ou não? A resposta é subjetiva, mas gostaria de discutir alguns aspectos relevantes sobre o que, junto a Loscar, chamo de linearidade literária.

A resposta que parece mais correta para a pergunta anterior é "não". A todos aqueles que disseram "sim", gostaria de argumentar que a vida não é linear. A expressão "Era uma vez..." pressupõe um começo que, efetivamente, existe. Contudo, afora o nascimento, a morte é nossa única certeza. O que acontece entre esses dois momentos singulares de nossas vidas é um conjunto de incertezas complexas e exponenciais: a imprevisibilidade dos acontecimentos é uma das características mais marcantes e bonitas da vida! Com as vênias de quem assim não pensa. Vamos em frente.

Convenhamos, ter conhecimento, por exemplo, do dia de nossa morte não seria reconfortante, não é? A menos que o(a) leitor(a) acredite que o futuro já esteja escrito e que nosso destino já esteja traçado, há de concordar que nós construímos nossa história no cotidiano, passo a passo, de modo interconectado e metamórfico, intersubjetivamente e, em termos sociais, espaço-temporalmente — um filósofo talvez acrescentasse: "de modo dialético".

Quem acredita na expressão "[...] e viveram felizes para sempre" está eternizando um momento da vida a partir do qual seria possível ser "feliz para sempre". Se a vida não é uma sucessão linear de fatos isolados, mas um desenrolar, por assim dizer, dialético de pensamentos, sentimentos e ações humanas que a tornam imprevisível, então como acreditar numa vida, ou numa literatura, que engessa a si mesma, a partir de um determinado momento? Ainda que se trate de uma história de ficção, os fatos narrados são pensados e construídos a partir de valores humanos e situações reais.

A literatura é uma das mais profundas manifestações artísticas que já produzimos. Por conseguinte, reafirmamos que se a vida não é linear, não poderia sê-lo a literatura. A linearidade é um fenômeno por demais limitado para alcançar os horizontes infinitos e complexos da vida e da literatura!

A originalidade — e mesmo a genialidade — de um autor é função de uma série de fatores conjugados, e um desses fatores é, com certeza, a capacidade de escrever um texto que flua como as águas serenas de um córrego em um entardecer ensolarado e aconchegante. O(A) autor(a), em minha opinião, como na de Loscar (há quem discorde e respeita a diferença), deve debater um assunto com o leitor ou narrar uma história de modo crítico. Pode e deve impregnar a narração com a sua ideologia e suas crenças, mas não deve tornar seu texto previsível e prescritível. Se previsível, a peça literária perde boa parte de sua qualidade de obra artística e pode transformar-se num escrito meramente descritivo e sem graça. Literatura é muito mais do que simplesmente narrar fatos. Devemos narrar e interpretar os acontecimentos deixando espaço para que o(a) leitor(a) também o faça, para que recrie mentalmente as informações transmitidas pelo(a) autor(a) e "reescreva" a sua própria história.

Para reconhecer essa liberdade do(a) leitor(a), o(a) autor(a) não deve ser por demais taxativo(a) e prescritível. Atenção, Loscar dizia, com minha concordância, "reconhecer", porque a liberdade é uma qualidade intrínseca ao *ser* e, portanto, ninguém dá liberdade a ninguém, a reconhece, com carinho e respeito. A ideia de "moral da história" pode ser muito boa para aqueles que querem a conformidade de pensamento e não a germinação de ideias novas. Não estou afirmando que o(a) autor(a) não poderá dar a sua 'moral da história', mas deve demonstrá-la para o(a) leitor(a) o mais sutilmente possível, ou deve, pelo menos, ter ciência de que o que ele está escrevendo é apenas uma conclusão possível, deixando espaço para que o(a) leitor(a), eventualmente discordando dele(a) (ou mesmo quando concorda), recrie a sua própria "moral da história". A literatura prescritiva e linear não deixa espaço para que esse processo se realize; o texto pode deixar de ser um discurso narrativo-literário para se constituir em uma peça de doutrinação ideológica, independentemente de seu conteúdo. Vale aqui a lembrança do entendimento do filósofo Eliseo Verón (1935–2014), que afirmava que ideologia não é um amontoado de conteúdos, senão um repertório de sentidos e ações que engendram as percepções de mundo; não é algo fixo, mas uma gramática de sentidos sociais (pactuados), como dizia o estudioso.

Entendo a boa literatura, assim como um bom filme ou uma boa peça teatral — desde que não sejam históricos, caso em que é necessária a maior fidelidade possível aos fatos acontecidos (muito embora saibamos que fatos históricos, ou muitas vezes, suas interpretações, não raro, acabam sendo o resultado do que se queria que fossem, e não necessariamente o que efetivamente foram, a partir de indicativos e provas), mas não exclui as várias interpretações sobre eles, é bom frisar —, como algo a ser construído, a posteriori, pelo(a) leitor(a). Isso significa, desse ponto de vista, como dizia Loscar, que a literatura começa quando acabamos de ler o livro. Nesse momento, levado à reflexão pelo(a) autor(a), que pode abrir um conjunto quase infinito de significados possíveis, cabendo ao(a) leitor(a), caso deseje, (re)construir sua própria história sem, contudo, perder de vista algo do núcleo central do que leu ou, ao menos, do que conseguiu interpretar.

Há quem, como o filósofo pragmático Richard Rorty (1931–2007) à frente, discorde dessa história de núcleo central de sentido, mas não vou entrar aqui nesse tipo de discussão semiológica. Fica a dica dos pragmáticos, para quem quiser se aprofundar no tema, deixando claro também que o contraponto é a escola francesa de Análise do Discurso, de Charaudeau, Pêcheux (1938–1983) e Umberto Eco (1932–2016), italiano, mas que "rezava pela cartilha francesa", por assim dizer. Eco (1993), em seu livro *Interpretação e superinterpretação*, afirma que entre o que o autor quis dizer e o que o texto está dizendo existe o que o(a) leitor(a) está efetivamente lendo.

Você, neste momento, se conseguiu chegar até aqui (pelo que, desde já, agradeço e espero que se anime a chegar ao final deste livro), está lendo o resultado da minha pesquisa, mas está processando as informações e reflexões apresentadas, cognitiva e sensivelmente, de modo muito particular, ora concordando, ora discordando. E ainda bem que é assim. Viva a diversidade de sentimentos, de percepções, de discursos e de ações da vida humana!

A boa literatura pode ser comparada a uma encruzilhada. O(A) autor(a) inicia seu livro oferecendo uma série de alternativas interpretativas. Em algum momento, pode até levar o(a) leitor(a) a acreditar que irá fechar o livro de tal modo, em tal direção. É o momento em que as vertentes da história, vindas de no mínimo duas direções diferentes, podem confluir para um desfecho que parece obedecer à previsibilidade final. Contudo, o(a) autor(a) pode e deve, dizia Loscar, e em minha opinião também, surpreender o(a) leitor(a) ao reabrir, o mais fluida e sutilmente possível, o leque de alternativas interpretativas sobre os fatos narrados. Alguns autores são mestres nessa arte.

Escritores como Tchekov, Oscar Wilde, Aldous Huxley, Kafka, Machado de Assis e Jorge Amado, dentre outros, são mestres ilusionistas, em sentido ótimo, por assim classificá-los. Seus textos fluem como um bonito dia de sol na primavera e nos levam a refletir sobre diferentes assuntos, desde as mais profundas discussões metafísicas até as tragédias mais comezinhas e banais de nosso dia a dia.

Em *O Processo* (1925), por exemplo, do escritor tcheco-eslovaco Franz Kafka (1883-1924) nos prende numa história em que o(a) leitor(a) não tem a menor ideia do que está acontecendo — como começou e sequer como vai acabar — até porque o autor, infelizmente, morreu antes de concluí-la. Não obstante, quem leu a magistral obra e conhece um pouco de Kafka talvez se arrisque a afirmar que o livro continuaria "inconcluso" mesmo se ele houvesse terminado de escrevê-lo. Ao fazer essa afirmação, estou supondo que Kafka não seria previsível, dando um desfecho linear ao processo. Tampouco seria prescritível, levando o(a) leitor(a) a julgar a história segundo sua própria visão.

Outros exemplos são o famoso romance *Dom Casmurro* (1899) e o menos famoso, mas não de menor qualidade, conto "O Espelho" (1882), ambos de Machado de Assis. No livro, a discussão sobre se Capitu "pulou ou não a cerca" exemplifica com maestria a ideia central que Loscar acreditava e que estou aqui, também, a defender. Quanto ao conto, é uma lição de narrativa e um mergulho profundo em uma interpretação possível para a alma humana. Machado nos leva a uma reflexão sobre nossos medos interiores e nossas máscaras sociais exteriores. Mas de modo algum nos diz "a alma é isso" ou "a história deve ser lida deste modo". Isso, no meu entender, é boa literatura. Ao menos, é o melhor tipo de literatura (com o devido respeito, outra vez mais, a quem pensa de modo diverso).

O *ser-no-mundo* do filósofo Martin Heidegger (1889-1976) é o resultado da projeção que fazemos de nós mesmos e com a qual nos recriamos recorrentemente. Como dizia Sartre (1997), estamos "condenados" a sermos livres e a sermos nós mesmos. Não devemos ter medo de escolher o que sentimos, nem do que desejamos falar e fazer. Devemos pensar por nós mesmos e não aceitar prescrições lineares e fáceis às quais somos submetidos diariamente, de vários modos. Narrativas lineares só contribuem para empobrecer a literatura, tal qual a linearidade e a uniformidade de pensamento e de ação empobrecem a vida.

CAPÍTULO 13

Bom, essa divagação toda sobre literatura me veio à mente a partir de algumas reflexões que Loscar costumava fazer (ele era um leitor voraz). Recordo-me, especialmente, de uma conversa que Loscar teria tido com sua esposa, quando falavam sobre como criar os filhos, em que estiveram em foco questões temporais, ou seja, o passado, o presente e o futuro, e sobre como o pensar em cada um deles poderia ajudar ou atrapalhar suas vidas e a dos rebentos. Essa conversa, até onde sei, aconteceu depois de debaterem o conteúdo de um livro, lido por ambos, sobre astronomia, que os fascinou enormemente, impactando, sobretudo, a vida de Loscar, um astrônomo frustrado, por não o ser, em verdade.

O universo, dizem algumas teorias físicas (com as vênias de uns tantos físicos de peso e com argumentos sólidos em contrário, que não comungam do *Big Bang*), começou de um único ponto, que condensava toda energia e matéria existente; um ponto de densidade e energia infinitas. Por algum motivo — ainda longe de ser desvendado, se é que um dia o será — esse ponto teria explodido, dando início a uma gigantesca alteração do estado inicial; o universo começou a sua "inflação", como dizem os astrônomos, ou seja, a sua expansão, até hoje em marcha. Onde não existia matéria e energia, ao menos as conhecidas, surgiu o que hoje chamamos de universo ou cosmos (que, em grego arcaico, foi a palavra para designar o universo ordenado por Zeus, que o teria livrado da desordem provocada pelos Titãs; "cosmos" quer dizer, então, "ordem").

No princípio, dizem os astrônomos ou cosmólogos, havia sido criada a matéria e a antimatéria, que ao se chocarem, dada a caoticidade do universo primitivo, anulavam-se. Porém, a despeito dos choques, aparentemente, tinha mais matéria do que antimatéria e tal fenômeno levou à formação de alguns sistemas cuja entropia (qualidade de desordem de sistemas termodinâmicos fechados e que pode levar o caos a esse sistema, até o aniquilar) levou progressivamente ao que vemos hoje, ao que somos hoje. O que observamos é, assim sendo, basicamente matéria, e por essa razão supõe-se que ela foi predominante desde os primórdios. A inflação universal, então iniciada, não parou até hoje, mesmo já tendo decorridos alguma coisa entre 13 e 15 bilhões de anos! A expansão universal não parou, mas pode parar. Os cosmólogos suspeitam que existe um tipo especial de matéria, chamada de matéria escura (isso para não esquecer a energia escura!), que, existindo, comporá, segundo estimativas, cerca de 80% a 90% da matéria do universo. Ainda há muito por ser descoberto!

E como eles sabem disso? Observações argutas, deduções lógicas e experimentações contínuas. Por exemplo, há alterações orbitais nas trajetórias estelares que a gravidade oriunda da matéria luminosa, já conhecida e que é passível de observação, de mensuração e de estudo, não explica. A diferença é, por conseguinte, atribuída a um tipo de matéria e de energia que não emite luz: a escura.

Se a soma dessa matéria escura com a matéria luminosa for maior do que a velocidade de expansão universal, a teoria e a lógica nos mostram que o universo poderá se contrair sobre si mesmo, numa espécie de implosão. A esse colapso teórico dá-se o nome de *Big Crunch*, em contraposição à suposta explosão inicial que tudo teria criado, conhecida, como visto, por *Big Bang*. A Relatividade Geral e a Especial, do físico Albert Einstein (1879–1955) mostraram que, aparentemente, espaço e tempo foram criados após o *Big Bang* e que são categorias conceituais indissociáveis, compondo a 4ª dimensão universal.

É realmente interessante o processo pelo qual passamos quando decidimos mergulhar, seja no cosmos, seja no universo que somos nós mesmos. À montante de nossos pensamentos, nossas concepções são turbilhonares e enlouquecedoras, o que nos faz pensar de uma forma um tanto caótica e genérica. O vale por meio do qual fluem nossas ideias, muitas vezes contraditórias, é cheio de meandros e pontos de assoreamento, o que nos faz navegar com cuidado, mas com a certeza de estarmos no rumo certo. Ao nos aproximarmos da jusante ideal e conclusiva cremos, soberbos, que chegamos à verdade universal.

Porém, como nem tudo o que reluz é ouro, o delta desse caudaloso rio ideal nos faz ver que esse momento é o início de uma viagem muito maior, mais complexa e mais prazerosa, que é o desembocar no oceano das dúvidas infinitas e exponenciais. Nossas certezas crescem em Progressão Aritmética (PA), e nossas dúvidas em Progressão Geométrica (PG). Assim, além de nem sempre respondermos às nossas perguntas, alguns de nós descobrimos, entre estarrecidos e maravilhados, que quanto mais refletimos sobre o mundo e o universo, menos sabemos sobre eles; quanto mais mergulhamos em nós mesmos e nos outros, mais podemos nos surpreender e, não raro, menos nos conhecemos e muito menos os outros, ainda que achemos o contrário. A vazão do fluxo ideal é, quase sempre e felizmente, bem maior do que nossa capacidade de processá-lo a contento.

CAPÍTULO 14

Loscar vivia se perguntando se há um todo, algo que podemos chamar de tudo. Os religiosos afirmam que a totalidade é Deus, mas essa era uma explicação dogmática demais para Loscar. "Se há um todo, então podemos concluir que deve haver, em contraposição, um nada", dizia ele. Ou não? Se partirmos do princípio de que tudo é construído (real, metafísica ou divinamente, menos importa aqui), esse tudo foi erigido sobre algo que, obviamente, era no início o nada. "Então, tudo podemos instituir sobre o nada, transformando-o em evolução natural deste nada?", questionou Loscar, certa vez, numa conversa com seu pai. Não estou tão certo assim. Podemos iniciar um processo de "tudificação" e, desse modo, tudo podemos instituir sobre esse nada, certo? É isso? Afinal, se não há nada, podemos preenchê-lo com alguma coisa que, por pouco que seja, será tudo o que passará a existir. E, vale ressaltar, os conceitos de tudo ou nada não são apenas invenções de um bando de filósofos alucinados ou de bêbados em mesa de boteco. Há outros alucinados do bem!

Alguns físicos dizem que o vácuo é um problema tão profundo que poderia ser o princípio de uma teoria toda especial. Galileo Galilei (1564–1642), considerado por muitos o pai da Física e da ciência moderna, para provar suas teorias de movimento dos corpos teve de criar modelos matemáticos em que a quantidade de variáveis era eliminada ao máximo, tanto que, em várias circunstâncias, eram (e são) até desprezadas. Muitos dos problemas físicos são enunciados com a afirmação expressa para que ignoremos o atrito do ar, quer dizer, para que criemos e imaginemos o vácuo e o que aconteceria caso nele estivéssemos analisando o fenômeno estudado.

Dito de outro modo, pede-se para que imaginemos um (quase) nada. No universo de Isaac Newton (1643–1727) e de Einstein não havia o nada, o vazio universal, já que, mesmo nos rincões mais distantes do cosmos, esse seria "preenchido" pela gravidade descrita por Newton e pela luz, pilar das teorias de Einstein.

Os filósofos existencialistas dizem que toda consciência é posicional, já que nossa consciência é *consciência de... alguma coisa* e todo ser é transcendente (ou seja, que ultrapassa a si mesmo). Assim, tanto no universo cosmológico ou no que somos nós, o nada pode, quem sabe, preenchê-lo com nossas transcendências essenciais. A própria consciência do vazio já é o seu preenchimento com alguma coisa que não é ele mesmo. O nada, por exemplo, em Sartre (1997), é a distância e a aproximação que permite ao *ser* se constituir no que está sendo e no porvir. Para o filósofo, uma consciência do vazio, para ser definida como tal, deve ser consciência de si mesma, como consciência de um vazio que não é ela, ou seja, é um ente transcendente, porque recai sobre um nada de *ser* para existir. E essa transcendência, por si só, já "enche" esse nada de *ser* com alguma coisa, fazendo com que o nada seja preenchido por um *ser* que não é vazio, não na medida em que simplesmente existe, mas que podemos percebê-lo como existente. Assim, o vazio absoluto talvez só exista no universo em que o *ser* não alcança, em locais em que esse *ser* não pode preenchê-lo com sua consciência de ser um *ser* não vazio, ao menos não vazio de si mesmo. Por isso, desse ponto de vista metafísico, o vazio absoluto talvez não exista também.

Pensando nessas coisas é que, possivelmente, Loscar afirmava que o nada é um conceito humano, pura percepção transcendente. Essa discussão sobre o nada era recorrente na vida de Loscar e ele recorria, além da Filosofia e da Física, à Matemática. O exemplo que dava era o ponto e a reta, unidades básicas da Geometria. O ponto é uma abstração, pois não possui dimensão, e o segmento de reta, menor distância entre dois pontos, também é uma abstração, porque não possui espessura. Ora, a reta, que só existe no comprimento, liga dois pontos que não possuem dimensão e, ainda assim, são as unidades básicas da Geometria, propriedade matemática de tudo o que existe! O tempo presente seria uma fugacidade entre o passado que se foi e o futuro, que ainda não chegou, como já vimos anteriormente. O que isso pode significar?

Aceitar que tudo pode ser instituído sobre o nada seria como aceitar, na prática, que o nada não existe. Como assim? Farei minha a concepção de Loscar. Dizia ele que se o nada existente antes da constituição do tudo era tudo o que existia, então, na verdade, o nada talvez não exista: no fundo, esse nada seria apenas uma totalidade vazia, desprovida de tudo, menos de seu vazio e que, por isso mesmo, por ser um vazio cheio de si, não pode ser confundido com o nada, não ao menos com o nada visto da ótica aqui adotada. O nada não é, pois, uma categoria a priori, mas a posteriori de nossa percepção de totalidade, em contraste! O nada teria que ser uma contraparte perceptiva e necessária do tudo, não lhe precedendo nem sucedendo.

O todo, entretanto, existe, independentemente de nossa percepção, mas o nada e a "nadificação" de um todo só podem existir se houver um *ser* que os realizem. O todo pode ser, desse modo, apreendido como uma existência universal, independente do *ser*; já o nada seria uma representação, o que vale dizer que seria, nessa perspectiva, uma criação do *ser* consciente e transcendente.

Clarificando um pouco mais esse ponto. Partimos da ideia de que, a priori, o nada não existe, pois se temos o nada, na verdade, tudo o que temos é o nada, então o que temos é o tudo como a base para a constituição do nada que poderá vir a existir, se houver um *ser* que o perceba como ausência de tudo, menos dele mesmo. Em outras palavras, a priori, o que existe é a totalidade — ainda que vazia de tudo, exceto de si mesma como totalidade vazia. E é justamente sobre essa totalidade que podemos instituir, perceptiva e cognitivamente, até mesmo o nada, que seria, assim, por natureza, uma (quase) antitotalidade, uma ausência de (quase) tudo. Além disso, se aceitarmos o nada como mera contraposição ao todo, nada poderemos extrair desse nada, nem sequer a própria ideia de nada: torná-lo-emos vazio até de si mesmo e, como tal, passível de não existência.

Como, então, afirmarmos que existe um *ser* ou um objeto não existencial que dele não podemos retirar nada, nem sequer uma representação de seu próprio *ser*? O tudo, assim, na perspectiva que estou aqui expondo, precederia o nada que, nesse cenário, pode vir a existir, caso o consigamos representar, pois nada pode existir sem o seu próprio *ser* ou, ao menos, sem sua representação, e os dois — *ser* e representação — são conceitos humanos. Ufa!

O todo existe para o universo, e o nada existe apenas para o ser que o conceitua. Entretanto, você pode estar se perguntando o seguinte: mas por esse raciocínio, o universo, o todo, também não seria um conceito? É, admito, com Loscar, que essa é uma forma possível de ver a questão. Contudo, pela argumentação até aqui utilizada, não, essa é uma impossibilidade. Concorda ou não?

CAPÍTULO 15

Essa discussão de tudo e nada é propícia, também, às especulações temporais. Ao falarmos que é, por exemplo, meia-noite, estamos mentalmente diante de uma totalidade plena, mas inapreensível. Por quê? Ora, porque ao falamos que agora é meia-noite, estamos nos referindo a um momento, a um instante que já não é mais passado e ainda não é futuro, e isso é o que podemos chamar de presente. E um presente tão infinitesimalmente exprimido entre o passado, retomando, uma vez mais, a concepção de que o presente não mais existe e que o futuro ainda não chegou, esse presente pode ser considerado desprezível em termos existenciais. Então, o presente temporal, nessa perspectiva, não existe.

Por outro lado, se levarmos em conta que o passado foi e que o futuro será, também podemos especular, de certo modo e nessa perspectiva, que nenhum dos dois existe, já que o presente, conforme vimos, não existiria. Então isso quer dizer que os três entes temporais — passado, presente e futuro — não existem?

Bom, se as unidades básicas da Geometria, ponto e reta, vitais, por exemplo, para cartografar a base física do que chamamos de "Espaço Geográfico", não têm dimensão e espessura, e se as dimensões temporais são efêmeras ao ponto de podermos, no plano teórico e filosófico, questionarmos sobre sua própria existência, então, perguntava-se Loscar, como estamos aqui?

A relatividade de Einstein, até segunda ordem, provou que os conceitos "tempo" e "espaço" (em sua dimensão geométrica, e não na existencial) estão intimamente ligados, tanto que fica impossível entendermos um sem o outro. O tempo seria uma deformação na geometria espacial, provocada por forças atuantes no universo, como a gravidade, tão bem analisada por Newton, por Max Plank (1858–1947) – embora esse último analisasse o universo sob outra perspectiva, sob a ótica da Física Quântica (a Física do infinitamente pequeno) e pelo próprio Einstein. Por uma dedução lógica, mas um tanto contraditoriamente, bastante surreal, dizia Loscar, se o tempo está indissociavelmente ligado ao espaço, mas é algo inapreensível, como o queriam Platão e Aristóteles, dentre outros pensadores, então o espaço também é inapreensível! Agora pergunto eu, de novo: como estamos aqui?!

Chegamos, pois, à estranha conclusão de que se o tempo e o espaço são inapreensíveis, podemos dizer que nossa existência também é, de algum modo, inapreensível, posto não sermos passíveis de existir sem um espaço que nos abrigue e do qual extrairemos nosso sustento material e simbólico e sem um tempo a partir do qual faremos surgir no mundo nossos processos históricos, sociais, culturais, ambientais, econômicos e políticos, bem como nossas próprias existências. Quer dizer, nós, eu e você, caro(a) leitor(a), baseamos nossas existências concretas, em termos sensíveis e cognitivos, em conceitos abstratos e materialmente inapreensíveis!

Interessante isso de sermos inapreensíveis, não é? Como existimos? Não há uma resposta sequer plausível para essas e outras exóticas perguntas filosóficas similares, e é por isso que a vida é tão linda: porque muito de nossas existências deve-se a coisas inexplicáveis, porém sensíveis! A estética e a economia da vida são inapreensíveis, mas perfeitamente perceptíveis. Bom, mas a despeito disso tudo, nós existimos, tanto que estamos aqui a conversar por intermédio deste livro, o que é muito bom. Então, não nos preocupemos.

No que toca à temática espaço-temporal, muito do interesse de Loscar, que a discutia dia sim e outro também com quem quisesse ouvir, era feita a partir de pressupostos tais como o tudo e o nada, há pouco analisados. Nos dias atuais, o físico Julian Barbour afirma que aprendemos apenas as informações que parecem nos dar uma noção, ainda que difusa, de cronologia. A explicação física é que apenas os "agoras" que fazem algum sentido lógico são escolhidos pela mente, e por essa razão podemos ter vários "agoras" em um único instante, mas só percebemos aqueles que nos parecem lógicos, aqueles com os quais conseguimos estabelecer uma relação de encadeamento de eventos espaço-temporais. E é por isso que o físico também diz que o tempo não existe, ainda que a ideia de movimento possa ser uma prova, a princípio, de que ele é real.

Quando assistimos a um filme no cinema, as imagens paradas correm tela abaixo e nós não conseguimos ver. O princípio é que antes de uma imagem sumir de nossa retina, outra é imediatamente sobreposta a ela, unindo as duas imagens. Nossos olhos não acompanham a mudança e achamos que há movimento. É uma ilusão. Alguns filósofos e físicos, como Barbour, dizem que nosso cérebro faz com que acreditemos ver imagens em movimento; a magia do cinema é uma linda ilusão de ótica e, por que não, de vida?

Resumindo, enquanto uma imagem é vista pelo olho e registrada pelo cérebro, outra é enviada, ou seja, enquanto a imagem anterior ainda está sendo vista e não se dissipou, outra é encaminhada. Assim, entre as imagens registradas em nossos cérebros e as que vemos em seguida na tela de cinema, ele as organiza de forma a passar a ideia de movimento. Os instantes do tempo, afirma Barbour, seriam como lugares diferentes na Terra. Nas palavras do físico, em um artigo de jornal, retomando a ideia do tempo: "O relógio seria como um instrumento de navegação que diria onde você está no planeta. A cada momento nos encontramos em uma nova possibilidade e o relógio seria a prova da existência desse instante". Não é à toa que Jung dizia, como já visto, que o tempo é a percepção que temos dele. Não? Imagine que seu time está jogando mal, mas está empatando, e que o adversário está jogando melhor e massacrando seu goleiro e a ele, basta uma vitória simples, por um gol de diferença. Cinco minutos é muito ou pouco tempo? Por outro lado, imagine que você está de férias em uma praia paradisíaca e tem que ir se arrumar para voltar para a sua rotina diária, casa e trabalho. Você diz para você mesmo: mais cinco minutinhos... Esse tempo será longo ou breve?

O tempo da sociedade industrial tornou-se o tempo mecânico do relógio da fábrica, que diz ao operário o quanto ele terá que produzir para que a máquina do capital o trucide e realize o lucro do qual ele ficará excluído. E esse tipo de percepção percola, podemos assim definir, por todos os setores sociais. Uma escola, por exemplo, que está organizada em horas/aula não é uma instituição que diz para professores que eles devem produzir "x" conhecimentos em "y" tempo e aos estudantes que eles devem apreender "x" conhecimentos nesse mesmo tempo? Isso não é similar a um sistema fabril? É um tempo diferente de tribos indígenas, mais coincidente com os ciclos naturais, por assim dizer. Isso faz uma diferença... Aliás, Loscar, que era professor de Geografia, sempre dizia que, embora a usasse vez por outra, não gostava muito da palavra "aluno", porque ela vem do latim e quer dizer "sem luz" (a-lumen), e para ele, todos têm a sua luz interior, daí o uso que, normalmente, fazia do termo "estudante", que significa alguém que está em processo contínuo de aprendizado, como todos nós deveríamos estar, diga-se de passagem. Alguns acham isso bobagem, mas as palavras têm a sua força... A luz de um deveria potencializar a do outro, mas nosso egoísmo faz com que, na maior parte das vezes, tentemos, na verdade, ofuscar o outro para que nos sobressaiamos. Lamentável.

CAPÍTULO 16

Passado, presente e futuro, três palavrinhas que mexem com o nosso imaginário e nos deixam em um turbilhão infindável e incontrolável. John Lennon (1975) costumava dizer, em linda música dedicada ao segundo filho, que "a vida é o que te acontece enquanto você está ocupado fazendo outros planos". É verdade, do ponto de vista de nossa percepção cronológica comum, mas do ponto de vista do imaginário, a coisa talvez possa não ser tão simples assim. Nosso corpo está aprisionado no presente, mas o mesmo, felizmente, não acontece com as nossas ideias, com a nossa cabeça e com o nosso coração. Diz a bela música popular de Lupicínio Rodrigues (1914–1974), cantada por muitos, como Adriana Calcanhoto e Caetano Veloso, que "o pensamento parece uma coisa à toa, mas como é que a gente voa quando começa a pensar". Pensar é bom, muito bom, mas pode também ser uma tortura se você não dominar os seus pensamentos e, especialmente, se não os ligar aos seus sentimentos, o que implica, óbvio, em não os renegar e em não se renegar.

Mahatma Gandhi (1869–1948) dizia que o conhecimento só tem utilidade se for para tornar melhor a vida do homem, mas ao mesmo tempo, completava a "Grande Alma" indiana, de nada adianta a cabeça estar cheia se o coração está vazio — se está, com *deficit* de paixão, solidariedade e generosidade. Sábias palavras. No que diz respeito ao futuro, diga-se de passagem, Loscar não era muito bom, pois pautou sua vida para viver o prazer do presente, mesmo com as dúvidas sobre sua existência, antes mencionadas, e se isso lhe dava alegrias, com o passar do tempo, trouxe-lhe alguns problemas, posto que, como dizem, o tempo não perdoa o que se faz sem ele — o qual, se não existe conforme o vulgo o compreende, existe de um modo peculiar, tanto que o sentimos. Loscar, até onde consegui pesquisar, teve alguns problemas na vida por essa característica de (quase) ignorar o futuro, pois quando esse chegava, o pegava, em alguns momentos, desprevenido, por assim dizer. Evidentemente,

REFLEXÕES DE UM INEXISTENTE:
HISTÓRIAS DE LUGAR NENHUM OU UMA AUTOMEMÓRIA NÃO AUTORIZADA

é impossível prever tudo, mas é importante que criemos uma base minimamente sólida de vida que possa nos amparar quando o futuro chega, não acha, leitor(a)? E ele chega!

CAPÍTULO 17

O pensamento não pode engessar as nossas ações, e isso acontece quando o tornamos um fim em si mesmo; neste caso, ao invés de pensamentos, talvez introjetemos soluções pré-fabricadas por terceiros, nem sempre... agradáveis, para dizer o mínimo. Pensar por pensar, sem um sentimento prático final, acaba sendo, muitas vezes, uma grande "masturbação mental", embora, em alguns momentos, isso seja desejável (ao menos como ponto de partida e/ou por mero deleite intelectual). Karl Marx (1818–1883) dizia que o mundo já foi muito pensado, tem que ser agora transformado. Afinal, ainda conforme Marx, a história se repete como farsa e quem a esquece arrisca-se a repeti-la no que ela teve de pior. Verdade, é o que achava Loscar. É claro que transformar alguma coisa, normalmente, é pensá-la primeiro, mas sem a ação, materializadora do pensamento, e sem estar articulada, digamos assim, com sentimentos fraternos, qual o sentido humano do livre pensar? Que bom produto poderá advir dessa alienação?

CAPÍTULO 18

Um dia, Loscar começou a se indagar sobre pensar e agir. Ele lera, certo dia, que algumas pessoas consideram que pensar é uma forma de ação. Mas os pais de Loscar o ensinaram, desde pequeno, a pensar, sempre que possível, antes de fazer alguma coisa, ou seja, antes de agir. E agora? Se pensar é agir e se devemos pensar antes de fazer alguma coisa, se é que desejamos que essa coisa seja bem-feita, então pensar não é agir, especulava Loscar; pensar seria, para ele, um pressuposto da ação. Mas também não podemos agir sem pensar e, efetivamente, não o fazemos? Então, a conclusão é que pensar é um pressuposto complementar, mas não obrigatório, do agir. Em outras palavras, Loscar descobriu que uma premissa não é a garantia de uma consequência lógica, mas tão somente uma suposição lógica das bases sobre as quais as consequências, talvez e não raro, infinitas, podem ser o desdobramento.

CAPÍTULO 19

Nem todo desdobramento nos é apreensível, compreensível ou mesmo desejável e satisfatório. Pior, ainda que obtenhamos o resultado almejado, ainda assim ele pode conter algo que nos contrarie e/ou que nos desgoste. O pensamento é a melhor forma que temos para nos libertar da prisão do agora, esse infinito fechado em si mesmo e que nos aprisiona fisicamente pela impossibilidade do corpo de viver mais do que algumas míseras décadas. Pensar liberta! E sentir também!

Loscar sempre achou um grande desperdício, que alguns ignoram, o fato de que não percebemos, muitas vezes, que temos a mais bela das virtudes, a própria vida em si e o pensar e o sentir, permeando cada centímetro da mente, da alma e do corpo. Sim, porque o corpo também pensa. Quem não conhece alguém que fala com as mãos e que, se não puder usá-las, parece que o pensamento fica travado? A corporeidade é mais importante do que parece. Liberdade é o que ansiamos, mas nos deixamos aprisionar por amarras sociais e vacilações individuais. Triste!

CAPÍTULO 20

A vida é curta demais para que possamos dar vazão a nós mesmos. Somos um insignificante agora, perante a plenitude infinita da vida e do universo, que existem por si sós e nos ignoram, olimpicamente, a despeito de opiniões religiosas e astrológicas em contrário. E isso é algo que angustia a muitos, mas que é encarado de modo relativamente tranquilo por vários, como era por Loscar. Será que, por ser a vida tão frágil e tão efêmera, inventamos deuses cuja suposta semelhança conosco nos reconforta do único determinismo da vida, a morte? Não há dúvida de que saber que continuaremos a existir, conscientemente, de algum modo, é um alívio e tanto. Além do mais, a ideia de que existe algo maior e mais forte do que nós é uma boa desculpa para não sairmos de nossa inércia, mas para que fiquemos mais felizes, achando que vamos viver para sempre, de algum modo (tomara!). Muitas vezes, deixamos de fazer o que deve ser feito, o que desejamos e/ou nos cabe, sob a alegação, de resto falsa, porque ilusória, de que não há nada que possamos fazer perante a grandiosidade do acontecimento externo. Muito cômodo!

CAPÍTULO 21

O que fazer, então? Loscar considerava como fundamental o sonho. "Sonhemos!", bradava ele. Imagine, leitor(a), onde você gostaria de estar agora, no momento em que lê este livro. Você gostaria de fazer o que ao terminar esta leitura? Com quem? Para quê? Por quanto tempo? As limitações da vida cotidiana nos têm imposto restrições de todos os tipos, cores e gostos. Se nós ainda nos impusermos a restrição de não sonhar (individual e socialmente), matamos, existencialmente, parte de nós mesmos.

CAPÍTULO 22

É no sonho, no seu ideal de vida, que as pessoas se completam. O que nos falta nem sempre está à mão ou, pior, nos é acessível em nossa realidade. Contudo, creio, ninguém duvida: no sonho tudo é possível. Se não temos alguma coisa, podemos, no mínimo, sonhar com ela, e isso nos aproxima da pessoa ou da coisa desejada, ainda que seja uma aproximação como a que Michelangelo (1475–1564) pintou na Capela Sistina, em que um homem tenta tocar o dedo de Deus, sem o conseguir. Quer dizer, essa aproximação deve ser feita com cautela para que não haja frustração pela impossibilidade eventual de maiores concretizações. Ao ouvir o relato sobre essa reflexão de Loscar, não posso deixar de pensar em Sartre (1997), que afirmava que é o faltante, a parte que falta, como contraparte do *ser*, que o define como o *ser* que está, não como o *ser* que é, pois se o *ser* fosse, ele seria pleno de si como um *ser* completo, tal como uma pedra. Mas o *ser* não é, o *ser* está sendo, e isso nos faz sempre identificar em outro *ser* ou em outro objeto inanimado o que não somos ou não temos, mas queremos ser ou ter.

 Paulo Freire (1921–1997) afirmava que o mundo não é, está sendo, apontando para o infinito processo de desenvolvimento humano, desde que abramos mão de certezas absolutas e vivamos a mágica das incertezas exponenciais; desde que aceitemos, como disse, lembrando outra vez mais Milan Kundera, a *"insustentável leveza do ser"* que, de tão leve, às vezes, simplesmente se evapora e, pulverizando-se em objetos e/ou futilidades, faz o *ser* perder, em certo sentido, a sua subjetividade e, assim, perder-se.

 A insatisfação, quando não nos deixamos corroer pela inveja, é uma poderosa aliada: mudamos ou, num linguajar mais sartreano, transcendemo-nos e nos tornamos aquilo que gostaríamos de ser. Se não na essência e/ou na realidade, ao menos em nossas mentes e em nossos corações; em nossos sonhos. Isso, no mínimo, nos conforta, mas se soubermos aproveitar o momento, também pode servir de móvel para as necessárias mudanças, individuais e sociais, que precisamos e merecemos. A plenitude do *ser* consciente, impossível na realidade, se realiza/completa no sonho. O que Sartre e Heidegger diriam dessa (suposta) identificação do *ser*?

CAPÍTULO 23

Saudade. Termo ingrato! Ou ingrato será o sentimento, já que as palavras apenas traduzem o que sentimos? Ou ainda, seremos nós os ingratos por não perceber que a saudade nos aproxima de quem amamos, ao pensarmos na distância que nos separa e ao nos incentivar, no limite, a buscar novamente aqueles por quem chamamos, ou aquilo que deixamos para trás, sem resposta adequada e/ou definitiva?

Loscar sempre foi um nostálgico, sempre sentiu falta do que lhe escapava e até de coisas que nunca teve, mas com as quais se identificava. Porém, nada lhe fazia mais falta do que a presença da família e dos amigos (a família que escolhemos, que nem sempre coincide com os parentes sanguíneos). Na verdade, como aglutinador de sua turma, ao menos em sua juventude e início de maturidade, mais parecia, em alguns momentos, um paizão a desejar que os amigos ficassem sempre com ele. Contudo, a vida não é assim: uns morrem; outros se casam e parecem morrer para a vida; uns tantos se mudam para outras cidades, outros países; outros simplesmente somem na vida. Ficam, não poucas vezes, apenas nas lembranças, e lembrar de alguém é tê-lo, de algum modo, um pouco para si. Lembrança! Ao mesmo tempo que nos alimenta, como Loscar dizia, nos mata um pouco cada vez que nos tocamos de que ela é apenas uma imagem e/ou sentimento evanescente. E não adianta ficar se debatendo, tentando lutar contra a realidade do tempo e da vida. O tempo passa, a vida é vivida e... se acaba. Vivamos, pois, do melhor modo que pudermos, enquanto for possível!

Erra quem não faz nada, achando que o pouco que pode fazer é nada. Pouco é muito mais do que nada, e o pouco também pode ser extraordinário. Creio mesmo que as maiores belezas da vida estão na simplicidade, tanto quanto a elegância. O mais importante é o que você faz com o seu tempo, nos espaços em que transita e com os quais interage; o importante é a sua relação afetuosa com o outro. O resto... é o resto.

CAPÍTULO 24

Loscar sempre se indagou por que vivia dizendo coisas que não queria dizer, por que fazia coisas que não queria fazer... O contrariar-se foi uma constante na vida dele, mas ele tinha consciência de que essas falhas, infelizmente, eram comuns e partilhadas entre várias pessoas, senão todas. E o pior é que, como Loscar não era propriamente um candidato ao prêmio Nobel da Baixa Ansiedade, esse contrariar-se frequentemente atingia quem estava à sua volta, ainda que pouco. Por quê?

CAPÍTULO 25

Sujeito estranho esse Loscar, que às vezes parecia ficar mais à vontade pensando sobre a vida do que vivendo. Ele mesmo dizia que achava ter umas tendências meio autistas e se sentia um inadaptado neste planeta. Até que Victor, um de seus melhores amigos, que inclusive lhe ensinou o valor da preservação da diferença e da individualidade, ao assumir-se homossexual e ao se propor a travar com Loscar vários debates sobre essa questão, o trouxe à realidade dizendo algo assim: "Inadaptado? Cara, bem-vindo aos bilhões de inadaptados deste planeta!". É... nada como um bom amigo, perceptivo e inteligente, para te ajudar a ver melhor as coisas, não é?

De todo modo, a despeito dessa tomada de consciência, um dia Loscar disse para a esposa e para os filhos que frequentemente se sentia, desde a adolescência, um tanto deslocado do mundo; ele se sentia um extraterrestre (ET), e tal percepção o acompanhou para todo sempre. Certa vez, Loscar disse para sua esposa que a vida era um grande teatro, onde alguns faziam acontecer o espetáculo, os atores, e a maioria apenas observava o desenrolar do espetáculo, a plateia. A esposa perguntou onde ele se encaixava, e sabe qual foi a resposta? Em nenhum dos dois! Como assim? Loscar, em alguns momentos, achava-se olhando a peça da vida, com seus atores e plateia, como se estivesse de longe, sem participar do show, sequer como espectador; algo como um espectador do espectador, um metaespectador. A atitude contemplativa e, não raro, um tanto blasé perante a vida pode ser muito boa em vários momentos, pois nos ajuda a sermos mais reflexivos. Entretanto, pode também atrapalhar, ao contribuir para certa alienação da realidade. Loscar nunca foi um alienado, mas a dose de contemplação que ele tinha o atrapalhou um pouco em algumas ocasiões.

CAPÍTULO 26

Disse uma vez o escritor, jornalista e livre pensador Millôr Fernandes (1923-2012) que livre pensar é só pensar. Será mesmo que o pensamento deve, necessariamente, ser materializado e que a ele devemos dar um fim prático para que tenha algum sentido? E mais, o pensamento deve ter, obrigatoriamente, um sentido inteligível? Loscar achava que não, que o pensamento era algo efetivamente tão complexo que jamais o entenderemos realmente; tão lindo que nunca nos cansaremos dele; tão livre que a ele sempre estaremos presos, e é isso, justamente, o que pode nos libertar.

O que você pensa, caro(a) leitor(a), quando está pensando em alguma coisa? Você pensa nessa coisa ou pensa em uma das formas possíveis de pensar nessa coisa? Qual é a forma correta de se pensar em algo, se é que isso existe? Por que não conseguimos suportar, ou ao menos tolerar, muitas vezes e com dificuldade, a ideia da diferença de pensamentos — como de sentimentos e práticas?

Pensar em um objeto é trazê-lo para junto do sujeito pensante, apreendendo-o da única — e parcial — forma possível: representando-o e reconstruindo-o mentalmente, e isso faz com que uma análise fenomenológica nunca seja igual a outra, já que, como dizem, cada cabeça tem a sua sentença. Agora mesmo, será que você está apreendendo as ideias de Loscar da mesma forma que eu as apreendi enquanto pesquisava sobre a vida, ou melhor ainda, sobre as ideias e sentimentos dele? Creio que não. Que bom!

Aliás, vale aqui uma pequena divagação. Talvez você esteja se perguntando o porquê do meu interesse em um sujeito de vida comum, que viveu por aí, em algum lugar, em tempo incerto e não sabido com precisão, não está? Bom, em primeiro lugar, (quase) toda vida é extraordinária. Não existe isso de vida comum; (quase) todos temos histórias belas e tristes para contar; (quase) todos temos experiências, práticas ou reflexivas ou ambas, com as quais podemos brindar os demais para que aprendam com nossos erros e vibrem com nossas vitórias. Isso, por si só, já é, no meu entender, motivo suficiente para que a vida de (quase) todo mundo tenha algum interesse. Mas acontece que Loscar, para além disso, tinha algumas ideias, sobre o mundo e sobre a vida, que me pareceram instigantes, nem que fosse pelo inusitado ou por uma ligeira e eventual originalidade ideal, até o ponto em que isso contraria um tanto o dito do Eclesiastes, que debaixo do Sol não há nada de efetivamente novo. Quando iniciei a pesquisa que resultou neste livro, minha intenção foi a de disseminar algo simples: reflexões sobre quem somos nós, seres (embora, às vezes, nem tanto) humanos.

A busca pelo autoconhecimento é vital não apenas para que convivamos bem conosco, o que, além disso, tem o efeito subsidiário de nos facilitar a boa convivência com os outros, é também extremamente prazerosa. Conhecer o porquê, o como e o para quê das coisas e, especialmente, das pessoas é uma arte e um prazer. Eis então, no meu entender, o prazer e a justificativa de minha pesquisa: a partir da busca pelo autoconhecimento de Loscar, conhecer a mim mesmo e quem sabe... ajudar você a se conhecer também um pouco mais ou, pelo menos, a realizar algumas boas e gostosas reflexões sobre a vida e sobre o mundo, e isso é possível, ainda que discorde de Loscar e de mim. Ou ainda, quem sabe, apenas se divertir um pouco pelas besteiras escritas neste livro, se assim as considerar.

Na vida corrida em que vivemos, refletir (e se aperfeiçoar) torna-se, no mais das vezes, função de meia dúzia de diletantes e idealistas, e sem isso acho que a vida ficaria mais difícil, mais chata e menos alegre. Retomando a ideia sobre o pensamento, alguns vão concordar com Loscar em algumas coisas e discordar em outras; você pode concordar com coisas que eu discordo e vice-versa. Sempre foi assim, assim sempre será e é assim que deve ser mesmo. Nem todos vivem, pensam e agem na mesma sintonia e do mesmo jeito. E desde que haja respeito mútuo... ainda bem!

Quando penso, capto e compreendo o mundo, o faço tal como ele é ou o faço tal como penso que ele seja? Para Loscar, a compreensão do mundo não era uma compreensão real, mas uma compreensão ideal, ou seja, para ele, nós criamos uma imagem de mundo e, se não

73

tivermos um mínimo de discernimento entre, digamos, a "realidade real" e a "realidade ideal", caímos no erro de direcionarmos nossas ações a partir dos estereótipos e ilusões nossas e não a partir do real — ou, na ótica aqui adotada, do que percebemos como nossa realidade. Isso para não esquecer uma terceira dimensão, presente nos atos essenciais ora analisados: existe, igualmente, uma "realidade percebida", que pode nem corresponder às outras duas realidades aqui teorizadas.

E o pior é que, como dizia Loscar, essa é uma atitude muito mais comum do que se pensa. Ele achava que quanto menos pensamos sobre alguma coisa e quanto mais a aceitamos passivamente, quanto mais tornamos nossas as ideias de terceiros, mais nos alimentamos da realidade alheia e não da nossa e mais conservadores ficamos na defesa delas que, não sendo nossas e, ainda por cima, sendo por nós adotadas, de um modo pouco ou nada crítico, não nos conduzem aonde queríamos ir, mas aonde chegamos — e nem sempre é um lugar que nos é agradável! E o curioso dessa história é que a sociedade cobra de cada um de nós uma análise apurada dos fatos e uma ação concreta sobre eles. Contudo, quando você emite sua opinião, ainda que embasada, e age, não poucas vezes é tachado de visionário, utópico, maluco, radical ou outras pérolas da evasiva discursiva de quem não tem argumento ou não quer contra-argumentar e construir com você novos pensamentos e ações.

Dá muito trabalho, não é mesmo? Não parece, por vezes, que a posição "racional" é seguir, bovinamente, a maioria, ainda que a maior parte dessa maioria sequer tenha mais do que vagas e superficiais noções do que está fazendo? Isso irritava profundamente Loscar. Ser você mesmo, com ideias próprias é, muitas vezes, um grande exercício de paciência e persistência, e os que insistem em pensar e em agir por si mesmos pagam, em geral, um preço (muitas vezes alto) por essa manifestação socialmente intolerável de liberdade, felicidade, prazer, autonomia e independência. Livrar-se das amarras sociais por opção autônoma é algo imperdoável para muitos, talvez para a maioria.

CAPÍTULO 27

A contemplação levou Loscar a caminhos de vida com os quais ele não sonhava, e isso, de certo modo, o afastou de seus sonhos, o que, na prática, quer dizer que ele acabou por se afastar de si mesmo e, convenhamos, isso não é nada agradável.

Contemplar significa olhar com assombro e com admiração, buscando o inusitado e tirando prazer da imagem vista e/ou percebida, bem como da imagem reconstruída mentalmente, e isso não é ruim, caso o contemplador não se deixe incrustar apenas pela fase contemplativa. A antes referida postura blasé perante a vida é boa, em alguma medida, mas deve ter limites para que a Polyana que há em cada um de nós se manifeste na medida certa, mas para que não assuma o controle, por assim dizer. Imagine que você está no aeroporto, esperando pelo seu voo, e ele sai enquanto você, embevecido, contempla os aviões que decolam e aterrissam. São lindos, não são? Como o homem é capaz de coisas tão belas — e de outras tão destrutivas, não é!? Como conseguimos inventar algo tão sublime quanto um objeto de várias toneladas, mas que, posto no ar, não despenca!? Enquanto você pensa nisso, contemplativamente, o seu avião vai embora... até que você se toca e percebe que teria que ter embarcado naquele avião porque haveria um evento no dia seguinte e esse era o último voo. O que fazer?

CAPÍTULO 28

Você já entrou em um avião? Já voou sobre as nuvens, especialmente em um dia nublado, com o céu todo encoberto, enquanto o avião segue deslizando por sobre as nuvens? Nossa! É lindo! Se não teve essa experiência, busque-a. É uma daquelas coisas que não podemos deixar de vivenciar. Você olha para fora do avião e só vê aquele tapetão branco-acinzentado, que lembra um pouco uma planície coberta de gelo ou uma área que foi toda coberta por uma geada ou, se preferir uma imagem mais lúdica, lembra a cama da infância, quando nossa mãe, carinhosamente, a forrava com aquele edredom felpudo e fofinho com o qual você adorava ficar brincando, pulando em cima... Dá uma vontade danada de pular nessa "cama de nuvens"! E o reflexo do sol, então, espraiando-se por toda parte, pode dar outra impressão, a de que temos ali um grande algodão-doce!

Viajar era uma coisa que Loscar não gostava muito, quando jovem (no fundo, o que não gostava mesmo era de se deslocar), mas que passou a valorizar depois de adulto, já que a curiosidade por novas paisagens e, especialmente, por novas culturas e formas de perceber e apreender o mundo e a vida lhe era, como ficou claro na pesquisa, muito cara. Loscar gostava muito de astronomia, filosofia e arqueologia, história antiga, política e questões ambientais, tanto que seu maior desejo, em termos de viagem, era conhecer antigas ruínas humanas, como as pirâmides, como os templos maias ou dos templários etc. Isso para não esquecer as "viagens" filosóficas que ele também adorava.

CAPÍTULO 29

Perda. Ô palavrinha danada, superada apenas pelo termo "se", tão pequeno quanto catastrófico. Segundo me contaram, Loscar só entendeu o real sentimento de perda, excetuando a morte, é claro, quando, por volta dos 30 anos, percebeu que o caminho que construíra para si mesmo não só não mais o agradava como ainda o faria seguir por um bom tempo nele, antes que ele, talvez, conseguisse mudar os próprios rumos — não cheguei a descobrir se ele conseguiu achar seus caminhos alternativos, mas acho que se manteve mais ou menos onde estivera desde antes desse pensamento nada edificante, porém eivado de realidade. Essa, pelo visto, foi uma das duas principais frustrações de Loscar. A outra foi ter abandonado a música e a ela só ter regressado já com certa idade. As perdas fazem parte da vida, e a pior, para Loscar, era, como já mencionado anteriormente, a perda de si próprio. O homem, enquanto espécie, nunca foi bom, ao contrário do que dizia o filósofo francês Jean-Jacques Rousseau (1812–1878), acho que de modo sincero, porém ingênuo, mas as pessoas, como indivíduos, podem escapar dos desígnios avassaladores da humanidade e se tornarem boas. De rousseauniano, Loscar, como eu, tornou-se, com a idade, sem abandonar esse filósofo, mais próximo de outro filósofo francês, Thomas Hobbes (1588–1679), que acreditava mais no poder coercitivo do coletivo, representado pelo Estado, do que nas pessoas individualmente. Era o que Loscar dizia; é o que penso e sinto. E você, leitor(a)? O que acha?

CAPÍTULO 30

Como se achar quando não se sabe quem se é ou onde está? O que buscamos ao buscar alguma coisa? Buscamos a coisa almejada ou buscamos uma satisfação? Jamais conseguiremos nos identificar plenamente com o que queremos ou sonhamos e essa incompletude nos angustia enormemente. Loscar, por exemplo, buscava a si mesmo e nunca se achou, mas não era uma pessoa infeliz por esse motivo. Pelo contrário, na busca, foi crescendo internamente, foi conhecendo fatos, coisas e pessoas, foi sorrindo, chorando, amando, vivendo...

O processo de viver é que, no fundo, é o verdadeiro viver e pode ser muito prazeroso se, ao invés de ficar tentando encontrar um sentido maior em tudo, você simplesmente... viver despretensiosamente, mas fazendo da sua vida algo afetivo e significativo, (quase) todos os dias. É um equilíbrio tênue e difícil, mas gratificante, quando minimamente atingido. E você, leitor(a), busca o quê na sua vida? O que busca para você mesmo, que transcenda a materialidade de objetos consumíveis num centro de vendas? Ou você nem liga para isso?

CAPÍTULO 31

Cada sociedade tem a sua utopia e talvez mesmo cada indivíduo a tenha: como compatibilizá-las é o grande desafio. Nossas utopias vêm ao encontro do universo cultural no qual estamos imersos, e a cultura é, ao mesmo tempo, um elemento fundador da *fhysis* (mundo físico) e dos vários *ethos* (resultados do mundo vivencial humano e social) existentes. Ética vem do grego *ethos* e quer dizer algo como jeito de ser, de pensar e de fazer e tem a ver com a apreensão e a reconstrução dos costumes culturais de um povo, ou seja, com seus hábitos e valores. A ética discute a moral. Essa última, vinda do grego *mores*, é o conjunto de valores culturalmente constituídos e vigentes que norteiam o comportamento social (o que se pode e o que não se pode fazer; o que se deve e o que não se deve fazer).

A vivência das pessoas e sua relação com o mundo levam a novos estados essenciais, podendo fazer com que surja uma de suas possibilidades, o *ser-cidad*ão, eminentemente um *ser* político e, como tal, relacional, coletivo e consciente de ser um *ser* consciente de si, dos outros, do mundo e de seus espaços, historicamente construídos. Cada construção dessas gera, em paralelo a esse processo de autoconstrução individual, uma imagem específica de vida social, base para nossa apreensão de mundo e de ações políticas. Assim construímos nossos *"espaços existenciais"*, era como Loscar os denominava.

Isso posto, podemos entender por imagem, sob o ponto de vista aqui proposto, não uma soma, mas sim uma subtração do real ou, ainda melhor, do que aquilo que o *ser* percebe e (re)constrói como real (seja o real existente, seja o real idealizado), mesmo se levarmos com conta que as imagens construídas pelo *ser* são prenhes dos significados simbólicos da cultura na qual estão, os *seres*, imersos. A realidade talvez não seja o que existe, mas o que é percebido como existente por cada um, por cada grupo social, por toda e qualquer sociedade. Se você não percebe alguma coisa, podemos afirmar, com alguma propriedade, que *essa coisa não existe na sua realidade*, que ela não está no seu universo de realidade percebida e muito menos da realidade vivida.

Uma vez formada, toda imagem adquire uma "propriedade narrativa" atribuída, por assim dizer, inicialmente, por um *ser* emissor de um significado original e depois recriada por um *ser* receptor desse discurso primeiro, mas também ele um *ser* produtor de um significado derivado da mensagem original.

Não devemos acreditar piamente em tudo o que vemos, ouvimos ou lemos; o senso crítico anda em falta, é o que dizia Loscar. Por esse motivo, nossas ideias de mundo, imagens passíveis de debate e remodelagem têm sido substituídas por representações socialmente impostas e, consequentemente, pensadas por terceiros, que nos impõem sua visão de mundo, a qual, muitas vezes, assimilamos sem refletir, e os resultados são as crises sucessivas que temos vivido. As imagens aqui referidas são produtos político-ideológicos que temos comprado de modo pouco refletido e essa é uma das disputas mais importantes a travar. Essa era, para mim, uma das ideias mais instigantes de Loscar.

Visto o anteriormente exposto, todo produto social é derivado da cultura, e a imagem, sendo um desses produtos, traz em si, embora nem sempre de forma explícita, traços do sistema cultural e produtivo que a fez surgir no mundo como objeto material e simbólico. Relembrando Verón (1980), "todo discurso se enuncia no imaginário. Só que este imaginário é socialmente construído e é específico para cada tipo de discurso", e para cada ser-discursivo e para cada ser-interpretante, acrescento, muito embora tenham esses *seres* uma base informativa em comum da qual não poderão jamais escapar, senão, não há comunicação possível, como afirmava Umberto Eco (1967).

CAPÍTULO 32

Uma das características mais marcantes do capitalismo tem sido, historicamente, produzir ilhas de riqueza no meio de oceanos de pobreza; rosas no meio de um pântano. O suprimento das carências humanas é realizado, em termos capitalistas, pelo consumo, ainda que o acesso à renda e às compras seja desde sempre e continue restrito a poucos — e a cada vez menos. Precisamos compreender as regras do sistema capitalista e a gramática de engendramento do seu sentido, ou seja, a sua ideologia. Sem isso, continuaremos enxugando gelo ou, em uma imagem um tanto menos rebuscada e mais popular, ficaremos como cachorros loucos, correndo atrás do próprio rabo. Consumimos por consumir e não para suprir uma necessidade — e isso não exclui, obrigatoriamente, o prazer. Esse último tem vindo, ainda que nem todos se deem conta disso, do consumo em si e não da necessidade atendida ou do gosto pelo objeto consumido; de meio, tornamos o consumo um fim em si mesmo, é o consumo hedonista e teleológico capitalista, deplorável sob quase todos os aspectos, exceto pelo prazer do consumo em si, que é um apelo quase que incontrolável para a maioria das pessoas. Não temos percebido, e não por ingênuos, senão por egoístas e gananciosos, em verdade, o quão deletéria e perniciosa é a cultura desta *"selfiedade"* que criamos e na qual estamos imersos e nos atolando. A crise ambiental, que nada mais é do que a crise da vida, está aí mesmo para comprovar o fato. O planeta resiste ao nosso estilo de vida; ele resiste à nossa destruição, mesmo que explodamos bombas atômicas; quem não resistirá seremos nós e as vidas outras, como um todo.

O pensamento pós-moderno, por não acreditar em macrossoluções ou no futuro, transformando-o num presente diariamente renascente, condenou a história ao ostracismo, dando lugar a ideias estapafúrdias como o fim dessa mesma história, ainda que ela possa ser entendida como uma referência a uma interpretação da história e não ao movimento histórico — e geográfico, enquanto processo de construção humana e social. Em oposição à pós-modernidade, os filósofos franceses Gilles Lipovetsky e Charlles Sébastien (2004) propõem a "hipermodernidade" como um aprofundamento da pós--modernidade pelo exagero de ideias e ações sociais. Viveríamos, na hipermodernidade, a Era do Exagero: hipertexto; hiperconsumo; hiperguerras; hipermiséria etc.

Para esses autores, a hipermodernidade guardaria da pós--modernidade a mesma amargura presente pela falta de perspectiva de futuro melhor e a mesma crença, perigosa, quanto ao poder supremo da razão como resolvedora de todos os problemas da humanidade. Hiper são também as metrópoles e as megalópoles, cada vez mais tentaculares e opressoras; hiper é o mercado do consumo, onde todos querem consumir tudo, mas muitos (e cada vez mais) não estão podendo consumir quase nada; hiper são também as cidades, cada mais problemáticas como *unidades existenciais*. A abundância e a escassez, ladeadas, são também hipermodernas. Modernidade, pós-modernidade ou hipermodernidade? Façam suas apostas!

O que precisamos, com urgência, e Loscar falava sempre sobre isso, é de uma verdadeira revolução que não deveria rimar com canhão, mas com paixão: paixão pela vida, a própria e dos demais seres vivos do planeta; paixão pelo mundo maravilhoso em que vivemos, que tudo nos dá e só "pede em troca" o direito de continuar a existir; paixão por valores como carinho, respeito, solidariedade, generosidade, consideração, gentileza, amor e outras palavrinhas que parecem inapropriadas para um sistema social excessivamente pragmático e, portanto, selvagem e desumanizador, no sentido afetivo das palavras, têm, pelo visto, saído de moda; palavras que, quando escritas ou pronunciadas, são tidas, por muitos, não raro, como piegas, mas que deveriam ser repetidas à exaustão.

Moda, como todos sabemos, e ainda que alguns a justifiquem, é por definição algo volátil, efêmero e, portanto, inapreensível como base para a construção de uma vida que possamos afirmar digna e fraterna. A política é o instrumento social por excelência para, coletivamente, nos organizarmos solidariamente e vivermos do modo aqui preconizado, mas se deixarmos os instrumentos políticos apenas nas mãos de mal-intencionados que só pensam em se locupletar...

Quem não se posiciona é posicionado; quem não pensa delega a terceiros o pensamento que guiará as ações futuras; quem não age deixa que as realizações sejam materializadas por pessoas que, talvez, venham a fazer coisas que não correspondam ao interesse comum — e geralmente não correspondem mesmo. É mais do que hora de tomarmos as rédeas desse cavalo desembestado que nos está levando para o abismo, é o que Loscar achava, e faço minha essa ideia.

CAPÍTULO 33

Por que viajar é uma coisa que atrai tantas pessoas? Loscar achava que, ao viajar, ganhamos uma nova dimensão perceptiva de tempo e de espaço, de culturas e das existências humanas. O trânsito pelos espaços-tempos culturais que não os nossos incorporam, dizia Loscar, a alma dos que forjaram esses outros espaços-tempos, gerando um grande fluxo de vivências múltiplas, complexas, polifônicas, simbólicas e afetivas.

Entretanto, o que isso quer dizer exatamente? Não é isso o que você está pensando? Qual a influência desse fluxo vital coletivo na vida de cada um de nós, para além das consequências diárias visíveis, por exemplo, a divisão territorial do trabalho e da vida social e do espaço geográfico no campo e na cidade?

CAPÍTULO 34

Diz o ditado que depois da tempestade vem a bonança ou, como dizia Loscar, que ouviu isso uma vez, a ambulância. É engraçado como nós temos a tendência a achar que a vida está uma porcaria quando estamos, por assim dizer, "no olho do furacão", e, de modo contrário, que está ótima quando "navegamos em céu de brigadeiro". Quer dizer, parece ser uma tendência humana encararmos a vida de um modo absurdamente maniqueísta. Loscar achava que essa tendência é ruim porque ou nos faz ficar excessivamente deprimidos ou ilusoriamente eufóricos com o nosso momento de vida. Não vejo como não concordar.

CAPÍTULO 35

Perder-se, quando você nunca se achou, efetivamente, é compreensível e suportável, embora ruim. Mas o pior ocorre quando você, ao se achar, finalmente, descobre angustiado que descobriu algo de que não gosta, que talvez tivesse sido melhor continuar na sua autoignorância. O *alter ego* ("outro eu", em latim, que se apresenta ao *ser* quando esse vê em terceiros aquilo que ele mesmo gostaria de ser ou, ao menos, que lhe é muito importante, segundo Freud) negativo, assim o classificando, é perturbador, ainda mais quando se confunde com o próprio *ego*.

CAPÍTULO 36

Ciclo. Palavra que tanto pode traduzir um processo de renovação quanto de imobilismo. De certo modo, a própria vida não deixa de ser um grande e misterioso ciclo, se por ela entendermos o nascimento como o princípio e a morte como um fim; de algum modo, início e fim em si mesmos, para quem acha que a vida não termina com a morte, a qual, por óbvio, nesse caso, não existiria como um fim, mas como uma passagem para outras etapas da vida. E se, como disse Lennon, lembrando novamente, vida é o te acontece enquanto você faz os seus planos, então temos mais é que viver o máximo que pudermos, enquanto pudermos, daí a alegria de viver que Loscar tinha, ainda que mesclada a uma certa melancolia nostálgica. Afinal, viver um dia de modo intenso não apaga o fato de que esse dia não se repetirá: é menos um dia de nossas vidas; quando muito, dizia Loscar, restar-nos-á uma boa lembrança, ainda que possamos viver outros dias com a mesma intensidade ou até mais. E só.

Na verdade, nascemos com a data de validade vencida, só que apagada da embalagem; é-nos uma incógnita; começamos a morrer, de certo modo, quando somos retirados do aconchego do útero materno, ou mesmo antes, desde a concepção. O ciclo da vida, contudo, não se completa jamais, apenas existe e nos leva. Mas para onde? Por outro lado, faz tanta diferença assim para nós que aqui estamos e que aqui vivemos? Para uns tantos, a maioria, sim, para outros tantos não. Cada um escolhe o caminho sensível e alternativo aqui apresentado e se vai percorrê-lo ou não.

CAPÍTULO 37

À velha pergunta, "Quem sou eu?", Loscar confrontava uma outra: "Por que e por quem sou eu?". A ele menos interessava saber quem era, até porque, como bom existencialista, não acreditava em uma essência do *ser*, o que lhe dava a ideia de inutilidade dessa pergunta. Seu maior interesse pousava no porquê de ser como era e deitava raízes na ideia de que a existência dele e de todos nós, independentemente de alma ou da eternidade, só tem sentido pelo que pode ter e proporcionar de alegria e prazer a si mesma e às outras. Qualquer outra coisa era, para Loscar, secundária e viria desse binômio. Então, por que a angústia?

CAPÍTULO 38

Todo ciclo que se perpetua é angustiante, mesmo que seja de algo que nos agrada. Afinal, a ciclotimia é uma das características mais marcantes do ser humano. E isso tanto do ponto de vista da saúde, posto que a ciclotimia é um transtorno de humor em que a pessoa experimenta momentos de depressão ou euforia e que podem se alternar de modo bastante súbito, o que faz com que a pessoa se apresente de modo similar a alguém que tenha um transtorno bipolar, mas também pode ser tida, a palavra, em sentido conotativo, por assim redefini-la, como o fenômeno de alguém que se sente vivendo em um eterno looping, ou seja, em uma roda viva ruim, que faz da vida dessa pessoa algo de sensações e consequências ruins. Estar em um círculo vicioso, ou melhor, em um movimento circular repetitivo e um tanto angustiante é o mesmo que sentir-se numa roda gigante que não para e faz você querer brincar em outros brinquedos, sem poder.

CAPÍTULO 39

Estar em um bom momento é reconfortante; parece que mesmo as coisas erradas estão, de algum modo, corretas. A vida de Loscar foi, aparentemente, uma sucessão de acontecimentos aleatórios e desconexos. Sempre acho isso quando me deparo com uma pessoa que conduziu sua vida como Loscar: vivendo o momento, na busca pelo prazer, sem grandes planejamentos racionais sobre o futuro que, talvez por isso mesmo, aparenta estar mais distante a cada dia que passa. E o estranho dessa conclusão sobre Loscar é que ele, até certo momento da vida, pensava se pautar pela razão, até o dia em que percebeu sua inclinação mais pela emoção, embora ponderada e um tanto contida. Ô, existente estranho que é o bicho homem, não é?

CAPÍTULO 40

Curioso, talvez, mas nem sempre conseguir o que desejamos, com ardor e suor, nos conduz a um estado de graça tal que, como criança quando vê doce, deleitamo-nos no regozijo do prazer momentaneamente indispensável. Desejar é um verbo transitivo direto, não se basta por si mesmo. A semântica do desejo é transitiva na medida em que desejar é almejar alguma coisa ou alguém: não se deseja por desejar e, normalmente, não se deseja nada, não é? Você pode até desejar nada, mas isso, por si só, já é o desejo de alguma coisa.

O mero sentimento do desejo é inerente a todos nós, não importa se rico ou pobre, se negro ou branco, se letrado ou iletrado, se homem ou mulher, se criança ou adulto. Deve ser por isso que dizem que propaganda é a alma do negócio. Afinal, se desejar é um projetar-se, sentimentalmente, em direção a algo ou a alguém, então o objeto do desejo tem que ser conhecido, antes do desejo aparecer ou, no máximo, o desejo de desejar algo ou alguém tem que se manifestar em nós para que, aí sim, desejemos, diretamente, um objeto ou uma pessoa e, segundo Loscar, essa foi uma grande intuição dos publicitários, ou seja, fazer, em momentos específicos, que o público deseje pelo simples prazer de desejar, sem nem saber, ao certo, o que se está desejando.

Bom isso? Não sei, mas é assim que tem sido e pelo menos um aspecto ruim Loscar via nessa história: o fato de que, desse jeito, incentivamos o consumo de objetos e pessoas pelo mero ato de desejar, independentemente se precisamos ou não do objeto desejado e/ou das pessoas (que se tornaram, por si mesmas, objetos ou objetificadas). O consumo, assim, tornou-se, como já comentado, hedonista e teleológico.

Você, leitor(a), é mais feliz porque comprou o último modelo de iPhone? Apenas por isso? Jura? É possível que muitos digam que sim. Não obstante, fico a me perguntar até que ponto continuaremos a nos deixar preencher por objetos materiais cujas existências deveriam apenas nos servir e não nos dominar. Até que ponto faremos de tudo para ter, em detrimento do *ser*, ainda que em detrimento de um mínimo de dignidade para outros seres humanos, da sustentabilidade do planeta e da vida que ele, generosamente, abriga e nutre (ainda que não o respeitemos por isso)? Até que ponto deixaremos nossas subjetividades à mercê de objetos sem os quais, dizem, na prática, "morreremos" para o mundo? Deixamos de "ser alguém" ou sequer "alguém nos tornamos" porque não temos uma BMW ou um relógio "da hora" ou um iPhone 100? Ou é essencial que assim seja, porque a economia tem que se movimentar para gerar empregos, como se não houvesse alternativas? Até que ponto o planeta aguenta tamanha subtração de materiais e a consequente substituição deles por desequilíbrios ambientais vários e poluições muitas? Até que ponto deixaremos que sentimentos como amor, carinho, afeto e sentimentos afins sejam substituídos por compras, produtividade, guerras e pelo "salve-se quem puder" (na verdade, salvem-se os ricos) dos mercados financeiros?

CAPÍTULO 41

E por falar em mercados financeiros, foi-me dito que Loscar realmente não gostava deles, pois acreditava que o mundo e a vida tinham um alcance muito mais amplo que os horizontes de consumo excessivo que é fomentado pelos arautos do "livre mercado", se é que isso já existiu um dia em algum lugar no planeta. Mercados são importantes, mas da forma como os constituímos são a expressão mais acabada da famosa "Lei do Mais Forte" ou "Lei da Selva". E só para deixar registrado, mercado, como o local de trocas sociais existe desde que o primeiro homem das cavernas saiu da toca e trocou sua pedra lascada por um tacape. Mercado não é sinônimo de capitalismo, embora esse sistema econômico tenha feito daquele ente social um local de acirradas disputas pela geração de riqueza, apropriando-se delas, cada vez mais. Então, o que temos, desde a modernidade histórica, com a constituição dos Estados Nacionais e com as Revoluções Francesa (política) e, especialmente, a Industrial, é a formação do que é conhecido como "economia de mercado (capitalista)", ilusoriamente democrática, em termos de oportunidades econômicas e financeiras e, por conseguinte, em termos de possibilidades de ascensão social e de poder.

CAPÍTULO 42

Bem, até aqui o que vimos foram, como escrevi no início deste livro, fragmentos da vida de Loscar e reflexões que ele gostava de fazer e, claro, acréscimos reflexivos meus, a partir da pesquisa realizada. Não sei se você concordou com as abordagens até aqui expostas, sem problemas, porque toda crítica é bem-vinda, desde que formulada com respeito, carinho e educação, ainda que feita de modo direto, e é melhor do que um elogio frouxo, dizia Mário, pai de Loscar. A diversidade da vida, com todos os seus sentimentos, pensamentos e ações em contrário, desde que convergentes no sentido de buscar vida boa, digna, justa e fraterna para todos e não apenas para uns poucos privilegiados, é o que faz a beleza da vida, ora refletida nessas linhas. Lembrando, outras vez mais, o poeta Ferreira Gullar, a arte existe porque a vida não basta. Nesse sentido, optei por trazer para você, leitor(a), outros sentimentos e reflexões de Loscar, mas dessa vez não como fragmentos soltos e dispersos, como até agora, senão em forma de arte. Selecionei, para tanto, uns tantos contos/fábulas escritos por Loscar. É o que passo a transcrever, a partir daqui e por algumas páginas.

Cidade e Sol

Dizem que cariocas não gostam de dias chuvosos, mas aqueles foram especiais. Não pelo que eles trouxeram de novidade, afinal, infelizmente, não há nada de novo em chuva, inundação e descaso das autoridades e grandes grupos privados que só visam ao lucro pessoal e imediato, além da má educação de muitos (que, por exemplo, jogam lixo no chão, ao lado de uma lixeira...). Acontece que Cidade do Rio de Janeiro, modelo admirada por sua beleza e charme, namorada de Sol, astro de *heavy metal*, universalmente conhecido por sua força e explosões de energia, brigara com seu amado e buscara refúgio, acobertada pelas suas amigas Nuvens, que, aliás, nunca se deram muito bem com Sol, mesmo. Elas sempre o consideraram muito esquentadinho e... distante.

Como eu ia dizendo, Cidade do Rio de Janeiro, morena sestrosa, mundialmente famosa por desfilar de braços dados com Sol e à vista de todos pelas areias da Praia de Ipanema, inspiradora de poesias e músicas mil (ela é a verdadeira "Garota de Ipanema"), cismou que era uma estrela com luz própria e que não precisava das explosões solares para brilhar. O coitado do Sol tentou falar para Cidade do Rio de Janeiro que ela estava enganada na crítica quanto à explosão, posto que ele explodia com mais intensidade por ela e para ela e, sem sua luz de vida, ela não poderia prosseguir seu caminho do modo como até então fizera. "Carioca" — era como o Sol chamava, carinhosamente, Cidade do Rio de Janeiro — *"não fique assim tão envaidecida pelo seu meio ambiente espetacular; daqui a um tempo isso passa e aí, minha linda, só restará o nosso amor".* Contudo, ela, enciumada, chegou a insinuar que Sol, na verdade, dizia isso para todas as outras (cidades), já que todas elas recebiam suas explosões de luz. E de nada adiantou Sol dizer que Carioca era especial para ele; ela resolveu dar de ombros para o amante; qual Narciso, mergulhou fundo em seu reflexo, sem se dar conta do quão simbiótica era e é sua vida, no que toca ao entrelaçamento com Sol, em seus desfiles matutinos, até o entardecer, tão lindo que até costuma ser aplaudido nas pedras do Arpoador.

Carioca se lembrou que um dia Sol, parceiro de todas as horas, um ser verdadeiramente iluminado, reconhecia, desaparecera por poucos minutos, deixando-a espantada e triste, mas logo em seguida voltara, rindo-se da morena, e dizendo que nada iria eclipsar a relação deles. Mas agora ela achava que a intensidade com a qual passara a brilhar junto de Terra, sua grande amiga, pusera-lhe uma dúvida sobre seu real destino. *"A beleza que tenho é muito mais que modismo"* — pensou Carioca — *"é meu destino, e Sol, às vezes, parece querer me ofuscar".*

A discussão dos dois amantes ia caminhando nesse ritmo nada edificante, já que o resultado de uma discussão de quem perde o objetivo final, que deveria ser perseguido por todos os que, com paz e amor no coração, discutem, ou seja, o encontro de ideias, percepções e sentimentos, é o afastamento. Com a cabeça fervendo, mais do que o habitual, Sol ainda tentou alertar Cidade do Rio de Janeiro que Frente Fria, aquela ingrata que só quer saber de obnubilar as relações alheias, estava chegando, e se ela não tomasse o devido cuidado, iria chorar tantas lágrimas que mais pareceria uma verdadeira inundação, e que os passeios deles por Ipanema e outras localidades similares estariam ameaçados. Várias amigas de Cidade, como Defesa Civil e Meteorologia, até que tentaram interceder, mas ela parecia um tanto surda às advertências: só dava ouvidos ao seu amigo, muito chegado, mas sem que ela percebesse, também muito... matreiro, o conhecido Político Fisiológico. E não é que Político Fisiológico a convenceu de que ela, Cidade do Rio de Janeiro, era linda, mesmo sem se cuidar muito? Sol e um amigo do casal, Espaço Público, tentaram mostrar que não era bem assim, que Cidade era sim, belíssima, mas que cuidados deveriam ser tomados, sob o risco dela, modelo famosa em todo o planeta, ficar parecendo uma ruína velha. Mas... envaidecida pelos falsos elogios de Político Fisiológico, Carioca já não via mais o Sol, ainda por ela enamorado, como o parceiro de outrora.

Nesse ínterim, chega, finalmente, Frente Fria, cujas fofocas ficaram pairando sobre os conselhos de Espaço Urbano e, tal como advertido, Frente Fria obnubilou o Sol. O pobre astro passou dias tentando falar com Cidade do Rio de Janeiro, mas Frente Fria estava com tudo e, chegando quase como se fora um furacão, disse para Carioca, que estava muito triste pelo fim da relação dela com Sol, para não se preocupar, porque Sol era um astro apenas de 5ª grandeza, e ela, Carioquinha, era única e merecia mais do que isso... Vendo Cidade chorar, Frente Fria, fingida como ela só, chorou junto e tanto que alagou a Praia de Ipanema e alhures, o que impediu os passeios românticos como os que Carioca costumava fazer com Sol, imobilizando-a e praticamente fazendo-a parar de viver por alguns dias, semanas, na verdade.

Carioca, tadinha, começou a se aperceber da situação, tanto que passou a sentir que partes de si estavam mesmo desabando e soterrando os sonhos dos que nela acreditavam e dos que a amavam. Percebendo, então, como tinha sido injusta com Sol e com seus verdadeiros amigos, mas sem saber o que fazer, permaneceu em profunda crise e depressão por um bom tempo. No entanto, eis que Cidadão, um amigo de Cidade e de Sol e que gostava de vê-los abraçados e se amando, veio em socorro do casal. Depois que aprendeu a lidar com Ressaca, velha conhecida dele, mas que sabia, era completamente alucinada e sempre aparecia depois das crises motivadas por Frente Fria, também sua amiga, tratou de conversar com Carioca para mostrar-lhe que ela, apesar dos maus tratos de pessoas como Político Fisiológico e seus amigos, como Empresário Elitista e Comerciante Ganancioso, e outros congêneres e apoiadores, tinha uma beleza e um charme incomparáveis e que, mesmo iluminando outras cidades, Sol tinha por ela um amor incomensurável e inquestionável. É claro que Carioca tinha que se cuidar, disse Cidadão, mas o primeiro passo seria resgatar seu amor-próprio, para o que ele, Cidadão, punha-se à disposição.

Refeita pela injeção de esperança com a atitude de seu amigo Cidadão, o qual, sentindo-se renovado pelo carinho que tinha por Cidade, também passou a chamá-la de "Carioca", Cidade procurou novamente seu astro enamorado. Acabrunhado por uns dias, mas apaixonado por sua carioquinha linda, nosso amigo Sol não se fez de rogado e abraçou Cidade com a mesma ternura de sempre. Sem graça, Frente Fria, que perdera força, optou por se retirar de fininho, levando junto suas amigas, as irmãs Nuvens; Ressaca aproveitou o ensejo e se mandou também.

Nossa querida Carioca, então, retomou o romance com Sol e a esperança voltou a brilhar no coração da nossa linda Cidade e de seus amigos, como o Cidadão.

(Mar)avilhado

Em tempos difíceis, o inesperado é, não raro, um grande alento. Como todo cidadão carioca, já há muito tempo, Mário andava preocupado com a situação do Rio de Janeiro: com seu esvaziamento político e econômico, com a sujeira de suas belas praias, com a situação social vexaminosa e, especialmente, com a violência que parecia imperar e dominar a Cidade (ainda?) Maravilhosa.

Numa dessas sextas-feiras 13, Mário conversava com um grupo de amigos em um dos vários happy hours existentes no centro da cidade. Tomavam um chopinho no Arco do Teles, uma rugosidade histórica e arquitetônica do Rio Antigo, mas aquele instante que deveria ser de relaxamento tornou-se um rosário de lamúrias e, por que não dizê-lo, de uma certa melancolia, já que todos ali amavam o Rio, mesmo quem não era carioca de nascimento, mas por adoção, como o caso de Mário. Ao chegar em casa, enquanto jantava com Norma e os dois filhos, Mário não conseguiu fugir do assunto, uma vez que o menino relatou ter feito no colégio uma redação sobre o tema "segurança pública". Findo o jantar, postaram-se de frente à televisão para assistir ao jornal que viam todas as noites. Contudo, boa parte das notícias foi sobre assaltos, guerras e assassinatos em série, enquanto políticos profissionais e juízes, por exemplo, ficavam discutindo sobre o valor de seus salários, sobre a data de um novo feriado proposto, enfim, sobre essas e outras matérias de elevado e relevante interesse nacional, e os agentes econômicos se preocupavam, basicamente, com a cotação do dólar e da bolsa de valores. Angustiados, foram dormir com uma sensação de tristeza e impotência.

No sábado, como de hábito, a família passou o dia no clube do Fluminense, nas Laranjeiras, tradicional bairro carioca, já que todos eram tricolores de coração, na doce ilusão de fugir desse cotidiano estressante, mas novamente Mário se viu no meio de uma roda de amigos conversando sobre... violência, chacina nas franjas da cidade....

— Assim não dá! Chega! Não aguento mais isso! Será que nada de bom acontece nesta cidade? Será que estamos condenados a viver aprisionados e acuados? Vocês não têm outro assunto, não?

— Êêê... que isso, rapaz? A patroa dormiu de calça jeans, é? — todos riram.

— Você só pensa nisso, não é, Antônio Cláudio? O problema, cara, é que nós parecemos um bando de sadomasoquistas! Sim, porque viver num lugar assim, tão ruim como o Rio de Janeiro nos está parecendo, só mesmo gostando de sofrer.

— Calma, cara. Olha só, a situação está ruim, sim, mas em primeiro lugar, acho que a sensação de insegurança e impotência é maior do que a insegurança e a impotência reais, ao menos para parte da cidade e dos cidadãos. Isso porque, como diz o ditado, de tanto ficarmos martelando que estamos em crise, ela, que realmente existe, toma proporções alarmantes, e isso talvez a faça ficar maior do que é, sem que, com isso, tenhamos que desprezar a crise, que realmente é grande. Acho que, no fundo, temos que analisar a situação com olhos críticos, mas serenos, para podermos, como dizia o Brecht (que você gosta tanto), voltar a olhar a cidade com olhos de estranhamento e maravilhados.

— Você tem razão, mas apenas olhar não basta, temos é que agir, não concorda?

— É verdade. Entretanto, o primeiro passo para a ação é a observação, depois a análise, daí planejamos, nos estruturamos e então agimos.

— Beleza, Toni. Então, que tal, ao invés de ficarmos apenas reclamando, começar a fazer alguma coisa, concretamente?

— Você tem alguma ideia?

Os outros 9 integrantes da mesa ouviam atentamente a conversa entre os dois amigos de infância.

— Não, mas juro que vou pensar em alguma coisa e num desses sábados, aqui no Fluzão, gente, sob os auspícios desses bons ares, vamos conversar sobre essa ideia que eu ainda vou ter (ou que vamos ter) para que nós possamos fazer alguma coisa por nós e pela nossa deliciosa cidade. Topam?

A turma toda concordou e ainda pediu para o amigo pensar logo em alguma coisa, e Mário propôs imediatamente que todos tentassem pensar em alternativas que pudessem ser executadas por eles mesmos, sob a concordância geral.

No domingo seguinte, ao acordar, Mário e Norma decidiram fazer um programa tipicamente carioca: ir à praia, e por terem filhos pequenos, optaram pela Praia Vermelha, uma pequena e bonita praia do pacato e aprazível bairro da Urca. Entretanto, naquele dia a praia estava um tanto agitada, devido à ressaca que se abatia sobre o Rio de Janeiro. No caminho, de dentro do carro, a família presenciou um assalto: dois garotos roubaram a bolsa de uma senhora. Tentaram não se mostrar muito abalados para os filhos e para não perder o programa com o baixo astral, característica nada carioca. Contudo, Mário sentiu, novamente, certo desânimo e se perguntava, enquanto via os filhos brincarem nas águas praianas, se a conversa do dia anterior teria alguma consequência real; se ele mesmo conseguiria ter a inspiração suficiente para refletir e propor a alternativa por ele aventada e pelo grupo. Em suas divagações, vê novamente, sem muito perceber, Carlos e Flávia, seus filhos, brincando com os garotos de Antônio Cláudio e Iraci, que também tinham ido à praia. Carlos, ao perceber o ar de tristeza do pai, veio correndo em sua direção, deu-lhe um forte abraço e lhe disse:

— Papai, não fica triste, não. Olha só, as pessoas estão dizendo que o mar está bravo, mas na verdade, papai, ele tá alegre, tá sorrindo pra gente. As ondas altas fazem muita espuma e ela é que é o riso do mar, não é papai?

Mário ficou um pouco surpreso com a "filosofia infantil" do filho, mas logo sorriu com o garoto, porque lembrou da frase de Bertold Brecht, citada pelo amigo Antônio Cláudio, no dia anterior, sobre o olhar estranhado e maravilhado para as coisas.

— É mesmo, o mar está sorrindo pra gente. Eu nunca vi a ressaca desse modo: o mar sorrindo pra gente. Como o mar é nosso amigo, não é, filho? Como a cidade nos abraça e nós nem a abraçamos de volta! Vai brincar, meu filho, o papai já está feliz de novo.

O filho deu um beijo no pai e voltou para a água, jogando-se ao mar, atabalhoado, como faz toda criança feliz. Mário virou-se para Antônio Cláudio, que a tudo ouvia, e disse:

— Toni, meu querido, acho que estou voltando a olhar para a cidade com os olhos estranhados e maravilhados, como os do meu filho. E sabe... acho até que já estou começando a ter algumas ideias para apresentar para nossa turma, sobre aquela conversa de ontem. Você me ajuda?

— Claro que sim, Mário. Vamos sorrir para o Rio, como o mar sempre faz. E ambos sorriram.

Mário mudou o olhar, procedimentos e atitudes perante a vida, a partir desse dia. As gargalhadas do mar, assim classificadas pelo filho, até hoje o fazem sorrir e perceber que a vida insisti, persiste e não desiste, a despeito do que fazemos em contrário.

Luz

Luz. O que é luz? É aquela coisa que nos permite ver à noite ou é aquele brilho no olhar de quem ama? O que eu poderia... Droga! Faltou energia de novo. Deixa pra lá, daqui a pouco ela volta. Enquanto essa dádiva não me é concedida pelos "iluminados" da companhia, vou acender uma vela para ver se consigo terminar meu trabalho.

Sobre o que é mesmo que eu ia escrever? Ai, meu santo, me dá um lampejo de memória e genialidade para que eu possa me lembrar do tema e escrever algo luminoso. Ah, lembrei! O tema é luz! Mas qual será a intenção do povo do jornal ao me sugerir esse tema? São tantos os significados possíveis para a palavra luz... Eles podem estar querendo que eu escreva sobre a luz elétrica, a mesma que me falta neste instante, fazendo-me forçar os olhos com essa difusa luz de vela. Aliás, só aqui já temos dois significados possíveis, ou melhor, dois tipos possíveis de produção de luz: a vela e essa poética corrida de partículas subatômicas, chamadas elétrons, originando a tão famosa luz elétrica. A vela é de cera e sua luz vem da combustão do oxigênio existente no ar que respiramos (será que podemos dizer que, de algum modo, respiramos luz?); já a eletricidade é produzida nas grandes (ou mesmo nas nem tão grandes) usinas eólicas, de "maremotriz", as hidrelétricas, as termoelétricas ou as atômicas.

Mas... e se eles quiserem, na verdade, que eu escreva um artigo sobre nossa maior fonte luminosa: o Sol! Ah, o Sol! Essa maravilha cósmica que nos tira da sobriedade noturna para nos dar vida e alegria ao despontar no horizonte, esse limite inalcançável da visão e imaginação humanas.

De um modo geral, essas são duas concepções mais usualmente chamadas pela memória ao ouvirmos ou lermos a palavra luz. Mas ora bolas, o que dizer de expressões como "dar à luz" ou "não entendi nada, me dá uma luz aí!". Essa "luz" que foi pedida é o reconhecimento de um valor essencialmente humano: a sagacidade, a esperteza, a inteligência. E o que dizer sobre "dar à luz". É uma coisa linda! É o tudo surgindo do (quase) desconhecido, irradiando a energia da nova vida emergente.

Luz! Sempre associada ao que há de melhor nas e para as pessoas. Mas... nossa! Quanto significado diferente para uma palavrinha tão pequenina! É bom eu começar logo a escrever meu artigo sobre luz, senão daqui a pouco a vela apaga. Ô falta que a luz elétrica faz! Deixa eu pensar no texto para o artigo. Ai, meu Deus, o que é que eu vou escrever sobre luz? Tenho que entregar o texto amanhã de manhã! Afinal, como vou conseguir escrever sobre o tema proposto, se nem sei qual o tipo de abordagem devo usar? Alguém aí poderia me iluminar as ideias, por favor?

Quando a gestão pública se torna privada

Imagine que um conhecido seu é dono de uma padaria. Ela vai bem, mas apresenta alguns problemas de ordem financeira. Para resolver tais problemas, seu conhecido proprietário conversa com os dez empregados e, mostrando a eles que estão todos no mesmo barco, propõe e implementa uma política interna de corte de horas extras; depois, cortes de benefícios, como vale-transporte e, sem mais solução, de corte de salário mesmo. É claro que eles reclamam, mas aceitam, porque não têm outra saída. Passam-se cinco anos e os negócios melhoram, mas seu conhecido mantém os cortes porque, afinal (nunca se sabe...), a situação econômica pode voltar a piorar. O tempo passa, o arrocho continua, mas a rede de padarias prospera. Seu conhecido, bom gestor, abre duas filiais em bairros diferentes, além de ampliar a matriz.

Os empregados, vendo tal melhoria, pedem a volta dos benefícios, mas é-lhes alegado que essa medida não pode ser feita ainda porque, nesse caso, o gestor estaria impedindo a expansão do negócio, o qual, por elementar (como os trabalhadores não percebem isso?), irá beneficiar a todos. Por esse motivo, o dono (e gerente) pede que os empregados esperem um pouco mais, que logo, logo os benefícios voltarão e poderão até ser ampliados. Os empregados reclamam, alguns pedem demissão e procuram o sindicato, que imediatamente inicia um movimento grevista e uma campanha salarial contra o neoliberalismo patronal. Substitutos são contratados por salários ainda mais baixos (eles precisam viver, não é?). Os demais "seguram o rojão".

Os negócios melhoram ainda mais e seu conhecido abre mais duas filiais, além, é claro, de comprar um carro do ano e um novo e maior apartamento. Ele pensa: "Sou bom empreendedor e bom gestor; eu mereço". Você concorda e comemora o sucesso do amigo com um churrascão. Os benefícios para os empregados estão chegando, óbvio, é o que ele diz para os trabalhadores, que mais uma vez reclamam, mas continuam a produção, que gera riqueza e está pagando o apartamento do dono da padaria — embora alguns deles morem em casas simples, até mesmo barracos em favelas (hoje denominadas de "comunidades", essas novas unidades geográficas cariocas).

Uma pequena pausa na nossa história. Como nem tudo o que reluz é ouro, eis que um fundo de pensão em Papua Nova Guiné, composto por sádicos velhinhos aposentados, que gastaram sua rica poupança em comida, aluguel e remédios, ao invés de investir no sistema financeiro, vai à falência. As bolsas do mundo entram em pânico, os mercados ficam apreensivos, os bancos (coitados!) perdem liquidez, as agências de risco, que não detectaram o risco, ameaçam rebaixar a cotação, não do sistema financeiro, que foi à bancarrota, mas dos governos, e esses, sempre solícitos com os interesses dos cidadãos, os ricos e poderosos, claro — ou, como diria o filósofo italiano Antônio Gramsci (1891–1937), hegemônicos, despejam montes de dinheiros públicos para salvar o sistema financeiro, retirando dinheiro da população em geral. Só que o dinheiro estatal é composto por arrecadação de impostos, taxas e contribuições (não dá certa vontade de rir — de raiva — quando você ouve que é um "contribuinte"?).

Com o corte de gastos públicos, os governos perdem sua capacidade de investimento e os arautos do "mercado livre" (para quem?) dizem que o *deficit* público está elevado, o que ameaça a democracia (liberal). Os governantes, então, que têm memória curta e esquecem que o tal do *deficit* é, em grande medida, senão na maior medida, fruto da farra do setor privado "liberal" e endinheirado, adotam medidas de austeridade, ou seja, param de investir dinheiro público no público em geral e passam a investir dinheiro público no público dono de bancos e financeiras e nas grandes empresas.

Entretanto, como dinheiro não nasce em árvore, e dinheiro público vem dos impostos, a gestão fiscal e tributária, ou seja, a administração de onde e como o governo vai gastar o dinheiro que somos compelidos a "contribuir", o Estado retira verba, por exemplo, de áreas como previdência (a sua aposentadoria), saúde (da população) e educação (dos seus filhos), por meio de artifícios contábeis como desvinculações de verbas orçamentárias, para realizar um tal de "superávit primário". Em outras palavras: o governo não investe no público, piorando a situação social, mas paga, religiosamente, juros aos detentores dos títulos públicos. Mas quem foi mesmo que causou a crise financeira que levou a essa situação? Ah, foram os detentores dos títulos públicos, os verdadeiros "donos", na prática, dos fundos públicos, que deveriam estar servindo para, por exemplo, pagar um transplante de coração no SUS ou para pagar, decentemente, o professor do seu filho ou o policial que cuida da sua segurança (já que os donos do poder têm segurança privada, andam de carro blindado ou helicóptero...). Parece que a conjugação verbal nesse sistema é a seguinte: eu trabalho, tu trabalhas, ele se aproveita, nós pagamos os impostos, vós sois explorados e eles enriquecem.

Retomando a história da padaria, que, apenas aparentemente, não tem nada a ver com Papua Nova Guiné (se você não sabe onde fica, dá uma olhadinha no atlas do seu filho, se é que, depois de pagar os juros para "a banca", sobrou verba para a escola pública comprar esse atlas) e com essa loucura financeira! Bom, acontece que o seu conhecido, o dono das padarias da historinha anterior, preocupado com a situação dos juros nacionais que remuneram os tais rentistas, ou seja, os detentores dos títulos públicos e com a falência dos velhinhos cretinos de Papua Nova

Guiné, fecha uma das padarias (ou até duas), mandando embora os dez empregados dela, e como a coisa está feia, ainda que ele tenha trocado, de novo, de carro, cumpre com apenas parte dos direitos trabalhistas pagos, e corta ainda mais benefícios dos funcionários restantes. Seu conhecido (capitalista) explica isso tudo para os empregados e diz para eles: "Assim que a situação melhorar os benefícios serão restituídos".

Bom, como muitos de nós acreditamos em Papai Noel e em duendes — e nos "mercados capitalistas livres e democráticos", seguimos o rumo do barco (dito) comum, mesmo sem visualizar a tal terra prometida da justiça social. Mas um dia a situação muda e o seu amigo capitalista-liberal, cioso da boa situação econômica e do livre desenvolvimento social (dele e da classe social dele, é claro), antes de lhes restituir os benefícios, diz que os negócios têm que melhorar para que os tais benefícios, os quais, inclusive, ele diz serem muitos e abusivos, fruto da luta descabida de sindicatos comunistas radicais e inúteis, porque pregam igualdade (imagine só!), sejam restituídos e que ele, para ter capital para pagar melhor os funcionários, vai investir na abertura da filial que havia sido fechada....

Como é belo o sistema capitalista! Só ele proporciona as maravilhas de uma alternância de poder que não altera o status quo da maioria e as boas graças de uma sociedade livre para quem deseja (e pode) empreender. Que bom que o dinheiro público pode ser desvinculado e remanejado para que nossos empreendedores nos livrem de uma vida de mesmice, desprovida de emoção e de estatismos envelhecidos e velhacos. Louvemos a livre iniciativa do capital, que gera riqueza e bem-estar social, ignorando que tais benesses são apropriadas por e para poucos e cada vez menos, não é mesmo? Regozijemo-nos, pois, pela esperta destreza dos destros e dos canhotos circunstanciais e oportunistas!

O cadáver que não acreditava na morte

— Morte não existe! Isso é invenção para assustar a gente!
— Rapaz, como assim? Você tá morto!
— Tô o quê?

105

— Morto, porra! Bateu as botas! Abotoou a casaca! Não está vivo! Passou daquela pra esta dimensão! Escolhe aí o que quiser! Mas você morreu! Aceita que dói menos.

— Cê tá maluco! Tô morto coisa nenhuma! Já pensou: passar o resto da vida, morto! Inadmissível!

— E nós, ô bacana? Nós estamos vivos também, né?

— Acho que sim, embora de tão escrachados e desanimados pareçam mesmo mortos. Vão tomar um banho!

— Ah! Desisto.

Esse foi o teor básico de um diálogo que ele teve por um bom tempo com seus companheiros de exílio, como ele chamava (e não me pergunte por quanto tempo, porque no além o tempo tem uma dimensão diferente da nossa). Ele dizia que estava fazendo um acampamento, ainda que o local fosse o cemitério da cidade. Depois desse tempo, sei lá eu quanto, as outras almas que com ele dividiam o espaço, ou que por ali passavam, eventualmente desistiram de convencê-lo de seu estado de "não vivo" e o aceitaram desse modo mesmo. Afinal, ele era uma pessoa, opa, uma alma bem-humorada — e também não tinham muita opção.

Como sei dessa história? Deixa para lá, acredite, quem quiser — a maioria não vai acreditar em mim mesmo, ainda que eu contasse como descobri esse caso pitoresco. Então, vamos em frente. Voltemos um pouco no tempo da nossa dimensão de não mortos, quando ele ainda estava vivo, depois retomaremos a conversa no cemitério. É assim que vamos entender como ele morreu, descrente da morte, e como essa descrença transcendeu a vida, tanto que ele a levou para o túmulo e para a dimensão dos não vivos.

Ele era uma boa alma, digo, uma boa pessoa. Estava sempre pronto para ajudar quem precisasse, à custa de eventuais sacrifícios de si mesmo. Também não perdia uma chance de fazer uma galhofa com quem quer que fosse, onde estivesse, acontecesse o que houvesse acontecido. Inclusive, essa característica lhe causou, ao longo da vida, e da morte, alguns momentos cômicos, outros um tanto delicados. Mas ele ia em frente com bravura e galhardia.

Bem, o fato é que ele sempre levou a vida como se o dia vivido fosse o último; o presente eternizado pela perenidade do prazer de simplesmente estar por aqui. Nós já nascemos com validade próxima ao decurso de prazo, só não temos a data do vencimento, é o que dizia. E completava afirmando que há tantas coisas a nos ameaçar de morte que estar vivo é, em si, um milagre, pilhéria que levou até seu último suspiro, já com o bolor corporal, mesmo com a mente juvenil que nunca perdeu. Dada a questão aqui referida da validade, repetia uma frase do escritor Millôr Fernandes, de quem gostava muito: começamos a morrer no dia em que nascemos e, por isso, ao completar, por exemplo, 20 anos, não deveríamos dizer que temos 20 anos de vida, mas sim 20 anos de morte. Pessimista? Parece, mas não.

Enfim, reproduzirei apenas dois breves momentos, um de sua morte vivida e outro de sua vida cadavérica, se podemos assim classificá-las; dois breves sopros na vida de uma pessoa comum, ao menos no sentido de ser mais um, na multidão de zumbis que perambulam por essas plagas.

— Filha, onde está meu disco do Led Zeppelin? Aquele que tem *"Rock ´d Roll"*! Quero dar uns pulos e sacudir a cabeça!

— Você não acha que está um pouco velhinho pra pular ao som de *rock*?

— Quantas vezes tenho que dizer: não sou velho, sou apenas jovem há mais tempo que você. Cadê meu disco?

— Pai, você fica repetindo esses clichês (risos)... tá aqui, meu jovenzinho...

Assim, a filha, que apesar de apontar um ou outro ímpeto do pai, adorava ouvir *rock* com ele, pulando e sacudindo a cabeça. Ela pôs o disco na vitrola (retrô, que o pai comprara há uns anos, posto que ele ainda tinha uns 300 discos de vinil e os adorava) e juntos ficaram pulando por cerca de meia hora, aguardando o almoço.

— Como eu dançava nas noites, nas festinhas...

— Eu sei, pai, eu sei...

Essa dança foi uma prévia para sua festa de 90 anos, que ele dizia ser o ensaio para completar o pique final de seu primeiro centenário. O segundo centenário, dizia ele, esperava que fosse um tanto mais tranquilo. Dizia isso e achava graça de si mesmo. Ele falava isso tão à sério que talvez esteja aqui a origem da descrença dele na morte, ao menos na morte como o fim de tudo.

— Pai, pega leva! Você está perto de completar 90 anos. Não dá mais para ficar fazendo essas gracinhas todas, né?

— Relaxa! Terei a eternidade para descansar e, assim mesmo, não sei como será esse descanso, afinal, como sabe, não paro nunca, não canso jamais (e ria quando dizia isso).

Essas eram algumas das "tiradas" que ele sempre dizia; algumas das sentenças eram originais, outras um tanto, como dizia a filha, clichês, mas ele não ligava para isso. E a propósito, essa eternidade, que ele volta e meia citava, ainda demoraria um tempinho para chegar. Pouco depois de completar 95 anos, quando estava se recuperando de uma pneumonia, cercado por amigos e parentes em uma comemoração pré-carnavalesca, ele olhou para quem estava no quarto com ele e disse, fraquinho, mas audível, o seguinte:

— Gente, tá tudo muito bem, tá tudo muito bom, amo vocês, mas agora vai-se dar uma morridinha. Fui.

E fechou os olhos. Os convivas, inicialmente, riram, pensando se tratar de mais uma piadinha dele. Não foi. Disse, riu, fechou os olhos e... morreu!

— Gente, o que estou fazendo aqui neste acampamento? Ah, antes de mais nada, porém, um grande "oi" para vocês todos, minhas amigas e meus amigos! — disse ele às almas, parecendo não perceber, ainda, o que havia acontecido e onde estava.

— Oba, chegou um brincalhão! — disse o rapaz que estava ao seu lado.

Ao menos para ele, pareceu um rapaz. Depois, bem depois, ele foi perceber que cada alma se parece, ou melhor, aparece a quem a vê conforme seu, com o perdão do trocadilho, estado de espírito.

Somos, aqui e alhures, o que sentimos, pensamos e fazemos. Nossa alma interior, quando viva, reflete os sentimentos, os pensamentos e as ações daquilo em que nos transformamos e realizamos; nossa alma exterior, como a chamou Machado de Assis (no conto "O Espelho"), é o reflexo direto desse processo de extravasamento quase etéreo, por assim dizer; talvez possa mesmo afirmar, uma exteriorização metafísica da alma interior. Ou é apenas certo *nonsense* dos vivos. Vai saber...

— Gentileza gera gentileza! — disse ele aos companheiros de acampamento, repetindo um bordão conhecido por muitos na sua cidade, o Rio de Janeiro.

— Eu sei, caríssimo. Preguei muito isso na nossa Cidade Maravilhosa.

— Você é o Profeta Gentileza?

— Fui. Em vida.

— Como assim? Em vida?

— Claro, meu prezado. Quando estava vivo, como disse, tentei disseminar essa mensagem para todos os que tivessem coração de ouvir e mente de fazer melhor para os outros e não apenas para si mesmos.

— Rapaz, quem é vivo sempre aparece! Achei que nunca iria conhecê-lo!

E as almas se entreolharam, algumas riram, enquanto o recém-chegado abraçava efusivamente o Profeta e rindo do "quem é vivo sempre aparece".

— Sabe, eu via com admiração o que você pregava. Sempre procurei levar minha vida por valores humanistas, por assim dizer, como gentileza para com o próximo. Mas não só: sempre achei que palavras como carinho, respeito e outras mais, dessa linha de sentimentos, deveriam ser mais valorizadas e não tornadas piegas, além de serem desapropriadas de sentido afetivo e efetivo. Infelizmente, meus compatriotas parecem ter esfriado o coração, na medida exata em que procuram aquecer seus bolsos e seus egos.

— Mas isso é passado, certo... como era mesmo seu nome em vida?

— Lá vem você de novo com esse negócio de "em vida". Eu tô aqui! Tão vivo quanto você!

As almas se entreolharam novamente; olharam para o recém-chegado, que parecia realmente não entender o que lhe acontecera.

— Onde você acha que está, amigo?

— Eu? Em um acampamento, ora bolas! E acho que estou em muito boa companhia.

— Você é muito gentil — disse outro, que não o Profeta. — Entretanto, não estou bem certo de que você está entendo a profundidade de seu momento. E você não o irá aproveitá-lo bem enquanto essa compreensão não for suficientemente assimilada.

— Quem te disse que não estou entendendo o que se passou comigo?

— Cara, você disse que está em um acampamento! — E todos riram.

— Pois bem, vou lhe dizer o quão profunda é minha compreensão. Posso?

— Vá em frente, encante-nos com sua versão dos fatos — disse outra alma.

— Vamos lá, então. Nada há de mais perene na vida do que o estado de espírito de quem envelhece com sabedoria e alegria, sabendo que, a despeito de todos os erros cometidos, procurou fazer o melhor para si e para os outros, sempre respeitando as pessoas, mesmo quando não é respeitado, coisa difícil de fazer, mas possível, ao menos até certos limites; belo é o gesto de se afastar de quem lhe fez mal, pondo de lado a até certo ponto justa, mas cruel e reprovável vingança; bela é a busca em alimentar a alma interior com o conhecimento para, como dizia Mahatma Gandhi, tornar melhor a nossa vida, e como ele completava, belo também é não deixar o coração ficar vazio de amor e/ou não deixá-lo encher-se de ódio, egoísmo e ganância. Perfeito ninguém é; perfeito nunca fui. Tive uma vida imperfeita, perfeitamente feliz, porque vivi o mais intensamente que pude, sempre prezando aqueles valores que acabei de lhes relatar. Não sei se existe felicidade em estado imanente, mas acredito que existam momentos felizes, e quando digo que fui feliz, quero dizer que tive muitos momentos felizes, no meio de alguns infelizes. Muitas vezes não consegui acertar ou ser justo ou fazer o bem; falhei, vacilei, mas nunca fiz mal, conscientemente, a ninguém. Nada há de mais belo na vida do que o sonho de sonhar junto a outras pessoas, como cantava Raul Seixas, para tornarmos real uma vida cheia de possibilidades e variações, transformando os anos existidos em, efetivamente, vividos, e não em anos morridos. Muitos morrem em vida por não perceberem essas coisas. Nunca cri na morte, porque sempre apostei na vida. Onde estou? Ora, estou vivo naquilo que senti, pensei e fiz; estou vivo na memória de quem amei e para quem vivi; estou vivo nos textos que escrevi; estou vivo nas lições que dei e tomei; estou vivo aqui, no além, em tão boa companhia, porque nunca acreditei na morte como um fim em si mesmo, tanto quanto nunca pensei nela em vida: simplesmente vivi, do melhor, mais alegre e honesto jeito que pude. Morri ao viver; agora estou vivendo morto por aqui, com vocês. Como? Até quando? Não sei, mas pouco me importa. Vamos ver o que a vida, opa, isso que vocês estão chamando de morte, nos reservará. Tudo o que sei é que continuarei a fazer o meu melhor. Não creio na morte, senão na vida que se renova a cada instante. Estar morto é apenas viver de outro modo. Ou não?

    As almas, aprendendo com ele um sentido todo novo para a morte, sorriram com esse cadáver estranho e divertido, que não acreditava na morte, senão na própria vida, seja ela qual for, onde for, como for, quando for, com quem for e no limite de suas possibilidades. Até onde sei, todos eles estão lá, no acampamento, em um espaço-tempo paralelo, vivendo, conscientemente, mortos, mas com bastantes momentos felizes, no meio de algumas infelicidades. Como ouvi certa vez, reproduzindo certo clichê, tão ao gosto dele: morrendo e aprendendo. Isso também é viver! Por que não?

Revelação

Pelo que faço Sou fotografia.
Pelo que pareço
Sou holografia.
Pelo que padeço Sou agonia.
Pelo que amo Sou harmonia.

Fragmento retirado do diário de um (quase) professor por vocação; de um juiz por opção.

I

O ano de 1902 foi importante para a Cidade Maravilhosa. O prefeito Pereira Passos realizou uma das maiores reformas urbanas da história, alterando bastante a estrutura urbana e a estética do Rio de Janeiro. A Capital Federal fervilhava com a chegada do progresso, ainda que gradual e mantendo a estrutura arquitetônica, política e econômica, com poucos beneficiados, em realidade.

II

Ilustríssimo Senhor Doutor Juiz Antônio Rogério Carvalho de Albuquerque. Era assim que gostava de ser chamado o juiz de direito de importante Comarca do Norte Fluminense, cuja sede chamava-se, à época, Severiano Albuquerque — o nome foi uma homenagem ao pai do juiz, grande benfeitor da região. Em Nanópolis, ainda mais antigo nome da atual cidade de Severiano Albuquerque, o poder baseava-se no triunvirato constituído pelo prefeito (tio do juiz), pelo pároco (primo do juiz) e pelo próprio juiz Antônio Albuquerque.

III

Mais um dia na rotina morosa de um cidadão comum da Capital Federal. Seguindo o hábito, Severiano saiu de seu trabalho (onde era ajudante de carpinteiro) e dirigiu-se à venda do

Amaral, onde, em troca de pequenos serviços prestados, dispunha de crédito para "a caninha nossa de cada dia", como dizia ele, em tom de galhofa.

Lá pelas tantas, após várias doses, Severiano foi acusado de trapacear nas cartas. Irritado com a ofensa (embora fosse verdade), sacou sua peixeira e com um só golpe praticamente degolou o alferes da Guarda Nacional, Clementino da Cruz. Seguiu-se uma grande confusão e Severiano aproveitou uma brecha para escapolir, evitando o linchamento do qual fatalmente seria vítima.

Na capital não poderia mais ficar, pois sabia que seria preso. Assim, juntou seus poucos pertences e fugiu, ainda na calada da noite, para o interior norte do estado. Em tempo: no dia seguinte, sua prisão preventiva foi decretada e cinco amigos de Clementino, três dos quais o acompanhavam na noite fatídica, partiram no encalço de Severiano.

Após vários dias de caminhada e despistes da patrulha, castigado pela fome e pela sede, nosso fugitivo caiu de joelhos e clamou pela morte. Já quase sem forças, se arrastou até um riacho e, após beber revitalizantes goles d'água, encostou-se numa pedra para breve descanso. Mas a vida nos surpreende a cada passo que damos. Quase dormindo, Severiano ouviu gritos desesperados, vindos da mata, próximo ao riacho. Cabreiro, decidiu investigar o fato e ficou revoltado. Embora rude, sempre respeitou Deus e "menina de família".

Ao chegar ao local de onde vinham os gritos, Severiano constatou que dois homens tentavam estuprar uma "menina de família" que fora ao riacho para lavar roupa. Juntou suas últimas forças e partiu alucinado em direção ao homem mais próximo. Pela surpresa e rapidez do ataque, nem houve tempo para o agressor se defender, e a peixeira de Severiano perfurou mortalmente seu abdômen. Entre aterrorizado e surpreso, o companheiro do (agora já quase defunto) estuprador fugiu antes que pudesse ser alcançado.

A moça permaneceu inerte no chão, parecendo morta. Puro fingimento. Na verdade, ela achava que o estranho a tinha salvado para ser o único a possuí-la. Pressentindo isso, Severiano tratou de acalmá-la e dissuadi-la do contrário. Maria dos Remédios foi, aos poucos, confiando no estranho, naquilo que mais tarde ela chamou de "olhar formoso". E de fato, apesar de seu aspecto e modos ásperos, Severiano tinha no fundo d'alma uma profunda paixão pela vida mesclada a certo desprezo pelo ser humano. Essa contradição conferia ao olhar de Severiano a melancolia, mas também a magnitude de um pôr do sol, como mais tarde definiu aquela que viria a ser a sogra de Severiano.

Após recuperar-se de suas aventuras, Severiano gentilmente se ofereceu para acompanhar Maria até em casa. Encantado pela candura da moça, procurou estabelecer uma conversa que possibilitasse conhecê-la melhor, e Maria, também atraída por seu salvador, não lhe negou esse prazer. Ao despedir-se, ela convidou Severiano para entrar e conhecer seus pais, convite imediatamente aceito por ele. Desse dia em diante, Severiano passou a frequentar a casa da moça e seis meses após ter conseguido trabalho como diarista na fazenda do "coroné Tião" — Sebastião Gonçalves, o "dono" da região — os dois se casaram.

Com muito trabalho e dedicação, Severiano foi adquirindo a confiança do capataz da Fazenda Flor de Laranjeira. Assim, pôde conhecer o adorado e temido Sebastião Gonçalves. Este, embora rigoroso, sabia recompensar aqueles que o serviam com fidelidade canina, como Severiano. Rapidamente, a fazenda ganhou um capataz auxiliar, substituto do capataz Onofre Serapião. O tempo passou e a amizade entre os dois mais fiéis empregados do "coronel" cresceu. Devido à nova "patente", Severiano pode mudar-se com Maria para outra casa, próximo à Casa Grande. Essa verdadeira bênção, segundo o casal, lhes fora concedida pela bondade do "coronel".

Eis que nasceu Antônio Rogério Carvalho de Albuquerque, filho de Maria e Severiano. O nome da criança, escolha pessoal de Severiano, foi uma homenagem explícita ao sobrinho do "coronel", Antônio Rogério Carvalho. Por ser viúvo e sem filhos, Sebastião Gonçalves criara o sobrinho como seu próprio filho. Comovido com o afago no ego, o coronel aceitou ser o padrinho do pequeno Antônio e ofereceu ao recém-nascido uma grande festa comemorativa. A partir desse dia, Toninho passou a ser o "segundo filho" de Sebastião.

Certo dia, chegou à Flor de Laranjeira um regimento da Guarda Nacional em busca de suprimentos. Dois dos oficiais comandantes foram ao encontro do "coronel" Sebastião com o intuito de pedir-lhe permissão para o reabastecimento e pouso. Estavam os oficiais e o "coronel" sentados na varanda, bebericando uma cachaça da própria fazenda, quando surgiu Severiano, que fora ter com o "coronel". Súbito, um dos oficiais se levantou: reconhecera Severiano como o assassino de seu amigo, o alferes Clementino da Cruz.

Ao ser-lhe relatado o ocorrido, o "coronel" ficou surpreso e desapontado, não com o episódio em si, mas por Severiano nunca lhe ter contado coisa alguma sobre aquela noite. Contudo, não permitiu que os oficiais o levassem à capital para julgá-lo: além de bom empregado, era bom moço, bom chefe de família, e concluiu dizendo que "brigas em bares são coisas normais e quem frequenta esses lugares deve saber que pode morrer". Diante da insistência obstinada dos oficiais em levar Severiano, mesmo depois de sua argumentação em contrário, Sebastião os expulsou da fazenda, bem como todo o regimento. "Não quero frangotes arrogantes em minhas terras", disse o "coronel".

Humilhados e com a honra e o sangue do amigo ainda em suas mentes, decidiram os dois oficiais realizar uma tocaia. Acompanhados de dois atiradores de elite do regimento, planejaram aprisionar (vivo ou morto) Severiano: ouviram um comentário de que ele iria à capital dali a dois dias e seria um alvo perfeito.

Bela manhã de domingo. Finda a missa, partiram Onofre Serapião, Antônio Carvalho e Severiano, acompanhados de dois peões, para a capital, a fim de comprar suprimentos que repusessem os estoques da venda da fazenda. Como gostavam de aventura, decidiram ir pelo caminho mais difícil e longo, acampando aqui e ali, até chegarem ao Rio de Janeiro. Dois dias após a partida do trio de ouro do "coronel", os amigos de Clementino se aproximam sem serem vistos até que, abruptamente, Antônio Rogério, que cochilara na vigia, acordou e com um grito despertou seus companheiros. Uma pequena e rápida, porém sangrenta, batalha se iniciou. Já bem próximo, um dos atiradores de elite levados para a emboscada mirou

Severiano. Antônio Rogério o empurrou e foi atingido no peito. Furioso, Severiano partiu com a peixeira em punho para cima do soldado e, antes que este conseguisse esboçar o contra-ataque, decepou-lhe o braço. O saldo dessa batalha foi de seis mortos: os quatro emboscadores, um peão e Antônio Rogério.

A volta à fazenda foi trágica. Severiano, Serapião e o peão restante voltaram trazendo não suprimentos, mas dois mortos: um deles Antônio Rogério, sobrinho-filho do coronel. Ao ver o rapaz morto, Sebastião chorou pela primeira e única vez em sua vida. Nem na morte de sua esposa, Joana, chorara. Não que não gostasse dela, gostava. Era boa moça, "discreta e submissa como convém a uma esposa". Mas como o casamento fora antes de tudo um arranjo político... O "coronel" só conseguiu diminuir seu sofrimento e até mesmo sorrir de satisfação ao saber da maneira heroica como Antônio morrera. Segundo Sebastião, ao salvar Severiano daquele jeito, "Antônio morreu como macho, que sempre foi".

A partir desse episódio, passou o coronel a dedicar seus dias a cuidar de seu outro rebento, o filho de Severiano. Tudo o que fazia era para o bem-estar do afilhado, Antônio Rogério Carvalho de Albuquerque, apesar de nunca ter se recuperado da perda do sobrinho-filho. A morte não tardou a chegar para Sebastião Gonçalves. Seu último ato em vida foi tornar o afilhado, ainda menor, seu herdeiro legal, e Severiano seu tutor e administrador de Flor de Laranjeira, juntamente de Onofre Serapião. Revelando-se bom administrador e bom político, a fazenda prosperou, alçando Severiano à prefeitura, e seu filho, Antônio Rogério Carvalho de Albuquerque, mais tarde tornou-se o juiz local.

IV

Toninho, como era conhecido carinhosamente pela família e pelos amigos, o recém-nomeado juiz de Nanópolis, era um homem feliz. Levava sua vida de "dotô" e orgulhava-se dela. "Toninho é homem bom", "Toninho é moço letrado", e por aí afora lhe faziam rasgados elogios, aos quais ele respondia com um olhar de certa arrogância, indiferença e benevolência, sempre dirigido aos pobres mortais. Contudo, para um bom observador, ficava claro também, no olhar desse homem, certa candura e simplicidade, denunciando a humanidade latente, escondida sob o manto granítico de sua aparência social transitória e ilusória.

Era um chefe de família exemplar. Nunca deixou faltar nada aos filhos nem à sua querida esposa, Joaquina Correia D'Almeida Albuquerque. E que esposa! Mulher dedicada à família e prendada para os ofícios do lar. O casal teve três filhos: duas moças, Cláudia e Constância, gêmeas, e um rapaz, Antônio Rogério Carvalho de Albuquerque Filho, ou apenas Antônio Albuquerque Filho. As filhas, debutantes, eram bastante cortejadas pelos rapazes da sociedade local e mesmo da capital. Seus dotes, acima dos físicos (e elas os tinham) eram políticos e econômicos. O filho, um rapagão de 17 anos, seguiu os passos políticos do pai e se encaminhou à faculdade de Direito. Além disso, era tido como um rapaz educado, de boa família, um bom partido, enfim. Antônio (pai), como um bom cristão, nunca faltava às missas de domingo nem às quermesses da igreja, promovidas para arrecadar fundos para os pobres. Bom trabalho, boa família, boa posição social, um lugar garantido no paraíso: o que mais um homem poderia desejar na vida?

V

Os anos foram se arrastando em Nanópolis, naquela calma característica do interior. Teimoso e cruel, mas sábio como ele só, o tempo fez nosso juiz envelhecer, por mais que ele o tivesse tentado despistar. A cidade também já não era mais a mesma. Enquanto ela se "renovava e modernizava", o juiz Antônio Albuquerque envelhecia a passos largos e a olhos vistos. "Já não consigo acompanhar o ritmo disso que chamam de 'evolução'", admitia resignado. Assim, o inevitável — esse imponderável previsível — chegou: por motivos políticos, Antônio foi "convidado" a se aposentar e teve que ceder sua vaga, aos 70 anos, ao afilhado do presidente da província. Sentindo-se como um objeto qualquer posto de lado, contrariado por perder a função para "um frangote de 25 anos, seco e emplumado", deixou a magistratura discretamente. "Diabos", sussurrou para si mesmo o juiz, "são apenas 45 anos de diferença!". A partir desse reconfortante pensamento, o septuagenário tentou mobilizar seus contatos na Capital para manter-se no poder. Inútil. Já não era mais tão influente como antigamente: seus contatos haviam envelhecido e também haviam sido postos de lado... como ele.

O novo juiz de Nanópolis passou a ser, então, Luís Cláudio Gonzaga Neto. Sem outra alternativa, Antônio se recolheu e passou a se dedicar apenas à administração de sua fazenda: Flor de Laranjeira. Conformado, o novo aposentado dizia que "os fatos são como sujeitos teimosos e arrogantes: não admitem contestação".

Os meses foram passando e a agonia do velho juiz por estar de fora da vida pública só fazia aumentar. Aproximadamente um ano de afastamento e o ex-juiz já não estava mais aguentando o desespero da ociosidade e do esquecimento, foi oferecer (pedir, na verdade) ajuda ao Sr. Luís Cláudio Neto, como era conhecido o novo juiz no meio político. O avô, Luís Cláudio Gonzaga, fora um importante senador no início da república e foi colega de Antônio na faculdade de Direito. Vendo a angústia do tédio nos olhos do ex-juiz, operou, politicamente, para que Antônio fosse nomeado juiz substituto.

Por meio do convívio profissional, começou a surgir uma boa amizade entre os dois. E que boa dupla eles formaram! A mescla da impetuosidade de Luís Cláudio e da experiência de Antônio Albuquerque deu um tom especial à Administração Pública, pois além de cuidar dos assuntos jurídicos, ambos gozavam da intimidade do prefeito, Marcos D'Almeida Carvalho, sobrinho de Antônio Albuquerque e colega de turma, na faculdade de Direito, de Luís Cláudio. Tudo ia bem. Ocorre que a experiência, saúde e vitalidade dos mais velhos se fazia presente em Antônio, mesmo que inconscientemente.

O juiz conseguiu, após algumas tentativas de agrados e com vários tapinhas nas costas de políticos — esses seres manhosos, cuja maioria adora um afago no ego e nos bolsos — nomear seu filho juiz da comarca vizinha. Antônio Albuquerque Filho, juiz titular da antiga Japuapé, não consegue nomear seu pai como juiz substituto, mas o nomeia "Assessor Especial para Assuntos Jurídicos".

Com apenas três anos de trabalho como juiz, Luís Cláudio se viu na contingência de ter que julgar um assassinato, algo que há muito tempo não ocorria em Nanópolis. Benedito da Silva, diarista, trabalhava nas terras de Joaquim Amâncio, poderoso oligarca da região. Corria à boca pequena que o coronel Amâncio tinha uma tendência por pessoas do mesmo sexo, com predileção especial por meninos. Benedito tinha como filho um bonito rapazinho de 12 anos chamado Ronaldo da Silva, que despertava no "coronel" loucos desejos. Benedito fazia vista grossa e tentava fingir que nada acontecia, não obstante os vários comentários maldosos que ouvia. Um dia, porém, ao ir pegar ferramentas no estábulo, Benedito se exasperou ao ver o "coronel" Amâncio com Ronaldinho no colo, tentando aliciá-lo.

Na hora da raiva, a racionalidade se aquieta. Benedito, num segundo, se lembrou de todas as humilhações sofridas, de sua vida dura e, agora, via seu pequeno sendo tentado por um "corenézinho maricas e pedófilo" (pervertido, como são vários, senão a maioria, desses reacionários que pululam por aí, alguns até com cargos elevados, tanto no setor privado quanto no público). Ao vê-lo, o "coronel" soltou uma enorme gargalhada e mandou o empregado embora. Transtornado, Benedito exigiu que o "coronel" deixasse seu filho em paz, mas espantado com o que considerou insolência, Joaquim ameaçou levantar-se e expulsá-lo "no tapa". Benedito fincou o pé e disse que não saía dali sem o filho. Irritado, o "coronel" tentou pegar sua espingarda que estava em cima de um monte de capim, cortado para a ração. Sem outra alternativa, Benedito descarregou sua pistola no "coronel". Toda a sequência do evento fatídico foi presenciada por dois colegas de Benedito, peões como ele.

VI

Um mês após o ocorrido e lá estava Luís Cláudio julgando o peão que matou um dos maiores beneméritos cidadãos nanopolitanos. A alta sociedade local estava reunida no tribunal para exigir justiça àquele empregado mal-agradecido e indolente. O clima era tenso e seria o primeiro grande julgamento de Luís Cláudio, auxiliado por Antônio Albuquerque. Previsto para algumas horas, o julgamento já se arrastava por três dias. Algo que parecia um caso simples e corriqueiro assumiu proporções surpreendentes.

Alfredo Campos era um jovem advogado recém-formado. Oriundo das classes baixas, venceu na vida com muito custo; foi considerado o melhor estudante dentre os formandos de sua turma. De passagem por Nanópolis, onde fora rever os tios que o haviam criado, se ofereceu para defender Benedito de graça. Para além de seu senso de justiça, Alfredo tinha boa visão estratégica e, por isso, visualizou no caso uma grande possibilidade de se lançar no mundo da advocacia. Decorridos três dias, a defesa da honra do filho e a autodefesa estava praticamente provada e aceita pela ampla maioria da população e mesmo do júri, embora esse coletivo ainda ficasse um tanto hesitante, em face da posição social da vítima e do poder que sua família exerça na região.

Para que Joaquim Amâncio não ficasse com a fama (ainda que verdadeira) de homossexual e sedutor de menores, o processo foi instruído de forma a que o móvel do crime parecesse não o que fora na verdade, mas sim uma discussão entre Amâncio e Benedito por motivos financeiros e trabalhistas. Mas Alfredo ia conseguindo comprovar que uma farsa havia sido montada com o intuito de condenar Benedito. Sua principal arma? O testemunho de um dos peões da fazenda do coronel Amâncio, cujas declarações haviam sido minimizadas pela acusação, mas que foram trazidas à tona, ardilmente, por Alfredo.

Ao fim do terceiro dia de julgamento, Alfredo foi procurado por um representante dos fazendeiros com uma proposta: se ele "facilitasse" as coisas para a acusação, receberia uma "ajuda" para chegar à promotoria. Mas Alfredo decidiu arriscar mais alto, livrando o réu daquele caso que, sabia-o já, havia chegado aos jornais da Capital e alhures.

Quarto dia iniciado e Luís Cláudio reabre o julgamento chamando a promotoria e a defesa, mas Alfredo Campos não respondeu ao chamado. Seus tios, sabendo da recusa do sobrinho e não tendo notícias dele desde a noite passada, começam a temer por sua sorte. Segunda chamada e nada. A promotoria, alegando, primeiro, desrespeito ao juiz, devido ao atraso, e depois abandono de causa, solicita a Luís Cláudio a nomeação de um advogado substituto para o réu. Inseguro, Luís Cláudio suspende o julgamento por um dia para que Alfredo fosse localizado, ganhando tempo para tomar sua decisão, caso ele não aparecesse, e foi aconselhar-se com Antônio Albuquerque.

"Acho que o mais certo seria suspender o julgamento a fim de apurarmos o que houve com o Dr. Alfredo Campos. Contudo, se assim o fizermos, esse caso poderá tomar proporções inimagináveis. E como suspeito que deram um sumiço nele, o réu terá mais apoio. E veja, Sr. Antônio, ele matou um dos nossos. Com razão ou não para tê-lo feito, a absolvição do réu seria um péssimo exemplo para o povo. Os peões podem começar a achar que são cidadãos plenos e que têm direitos iguais a nós, homens bons. Assim sendo, creio que nomearei o substituto e condenarei o réu. Quanto ao Dr. Campos, bem, daremos um jeito mais tarde. O que acha?".

Antônio ouviu atentamente as ponderações de Luís Cláudio e disse: "Que os peões são cidadãos de 2ª classe nem se discute. Mas isso não exclui o fato de que podem estar certos, às vezes. Não é por ser de 2ª classe que devemos condenar um peão que seja inocente. A lei e a justiça acima de tudo, meu caro! Peço que faça uma ponderação antes de tomar sua decisão: devemos entregar os anéis para não perder os dedos. Condenado, pode o Sr. Benedito, se pairarem dúvidas sobre sua culpa, tornar-se um mártir popular. É isso o que queremos? E é isso que chamamos de justiça?".

Antes de voltar ao tribunal, Luís Cláudio foi procurado e pressionado pelos oligarcas a nomear não só um substituto, mas um substituto por eles indicado. Antes de proferir sua decisão, olhou para Antônio, que o encarava, e disse: "Nomeio o Sr. Ricardo de Jesus advogado substituto do Sr. Alfredo Campos, constituindo-o representante legal e defensor do réu Benedito da Silva". Olhando nervosamente para Antônio Albuquerque, viu apenas seu olhar firme e gélido por alguns segundos, os últimos antes que seu mentor e amigo se retirasse do recinto, contrariado. Antônio se lembrou de ter aguentado pressões maiores do que essa a que Luís Cláudio acabara de ser submetido e, nem por isso, dobrou-se frente às reivindicações antiéticas e medidas injustas. Apesar dos protestos, o julgamento foi reiniciado e, como era de se esperar, Benedito foi condenado.

Um forte movimento popular foi iniciado e o povo passou a exigir a reabertura do caso e uma investigação sobre o desaparecimento de Alfredo Campos. Os fazendeiros e Luís Cláudio se assustaram com a dimensão dos protestos populares que, mesmo duramente reprimidos, não só continuaram a ocorrer como até mesmo aumentaram. Partidários oposicionistas à oligarquia local intensificaram seus ataques: Luís Cláudio foi acusado de pusilânime e submisso. Mas para a sorte do juiz e dos "homens bons", parece que a conjugação do tempo, com o poder econômico e, aqui e ali, com a força bruta, tudo podem: o caso aos poucos foi esquecido, virando quase que uma piada de salão, e a vida em Nanópolis foi voltando à "normalidade", como dantes fora. Especialmente depois que a "oposição" conseguiu certas "vantagens" para desistir do caso. Nada como um acordo de minorias fortes para domar e subjugar maiorias fracas.

Calejado pelos 50 anos de magistratura, o velho juiz foi conduzindo seus pupilos, Luís Cláudio e Toninho (seu filho), pelos meandros das artimanhas jurídicas-políticas. Constatou, no entanto, estupefato, que os erros cometidos por eles não diferiam muito dos que ele próprio cometera no passado. Pensava nisso sentado em sua cadeira de balanço, olhando o pôr do sol de sua varanda. A brisa fresca daquela preguiçosa tarde de domingo foi embalando seus pensamentos...

VII

Luís Cláudio queria estudar Letras, sonho cortado por seu pai, então prefeito de Japuapé, que o levou a estudar Direito e a ingressar na magistratura. Antes de iniciar a faculdade, Antônio (pai) mantinha um diário, no qual registrava todos os seus dias, todas as suas emoções. Esse diário fora abandonado pouco depois do início do curso: "Devaneios adolescentes não são condizentes com a postura de um bacharel em Direito", pensou Antônio na época. Esse foi um fator essencial para explicar a simpatia gratuita com que Antônio Albuquerque acolheu Luís Cláudio, apesar das reticências iniciais quando por ele fora substituído: Antônio também queria estudar Letras. Seu sonho era levar a todos as mesmas possibilidades de ascensão social, somente permitida (além da óbvia riqueza e poder familiar) àqueles que têm acesso ao mundo simbólico da escrita e do conhecimento. Queria, Antônio, que todos tivessem acesso à cultura e à informação, como ele tivera. Contudo, esse sonho não fora cortado por seu pai, mas sim por ele próprio por motivos que, se na época lhe pareciam corretos e legítimos, hoje já nem se lembra muito bem deles. Restou apenas o vazio da dúvida.

Viu atos falhos, pensamentos deslumbrados, falas equivocadas, ações incorretas e falsidades várias, tudo isso presente em seu passado e ainda conduzindo sua vida. Causou-lhe desencanto. Lembrou-se de uma festa na qual certa moça, lançando olhares à socapa, flertou com ele de forma discreta, porém decidida. Passaria os 15 anos seguintes como amante dessa mulher, de cujo nome completo já nem se lembrava. Ela morrera fazia 15 anos. Dessa relação nasceu uma criança, um garoto que foi apresentado à sociedade local como sobrinho do juiz, fato esse em que todos fingiram acreditar, até mesmo sua esposa (que sempre soube do caso extraconjugal de Antônio).

"Será essa a moralidade da alta sociedade? Será essa a moralidade pela qual sempre me debati? Bando de hipócritas!", pensou Antônio. Ficou com mais raiva ainda por ele próprio fazer parte integrante e atuante dessa "decadência generalizada chamada sociedade".

Sentiu que o dízimo pago à Igreja não era realmente caridade, nem mesmo as gordas contribuições, pois apesar de bem-intencionadas, apenas amenizavam por breves instantes os problemas dos desprovidos. "A caridade é, realmente, a melhor forma para aliviarmos nossas consciências pesadas. Ela promove grandes mudanças que deixam tudo exatamente como sempre foi", refletiu Antônio. O que mais lhe doía, nesse momento, era lembrar que deu preciosa contribuição para toda essa discriminação social com seus racismos e preconceitos, oriundos da vida aristocrática que sempre levara. Voltou-lhe à mente o dia do julgamento de um peão, Benedito da Silva, o qual foi condenado injustamente, e ele, nem sabe bem o porquê, não fez nada para reverter o caso, "Fugi da justiça que sempre procurei seguir", lamentou-se Antônio.

Ao recordar tudo isso, o Ilustríssimo Juiz Antônio Albuquerque deu-se conta de que, mesmo aparentemente feliz e realizado, tendo cumprido seu dever, teve uma vida pouco mais que fútil. Um terrível pensamento lhe passou pela cabeça: sua vida fora tão efêmera, tão volátil, tão egoísta e egocêntrica que, mesmo tendo sido um homem poderoso em vida, talvez ninguém viesse a notar muito sua falta quando morresse. Ou pior, teve a incômoda sensação de que se nunca tivesse existido, não teria feito muita diferença, pois como ele havia (e há) vários juízes, muitas pessoas. Tomou, enfim, consciência de que não era a "individualidade interagente no e com o coletivo", como pensava, mas sim uma "amálgama disforme e distorcida de um sistema de vida amorfo e castrador do que há de melhor no ser humano: ele próprio".

Magistério, e não magistratura: essa deveria ter sido sua escolha. Seu ideal juvenil de justiça social se diluiu pelo caminho sinuoso e cômodo da aparência e do prestígio social. Caindo em si, constatou que, ao abandonar seu sonho, Antônio Albuquerque, o outrora amado Toninho, homem bom e simples, foi morrendo e, paralelamente, foi nascendo um novo homem, o Juiz de Direito Antônio Albuquerque, arrogante e preconceituoso — ainda que firme de caráter e de propósitos. E se deu conta de que seus pupilos estavam seguindo o mesmo caminho que ele trilhou. Tentou, expondo suas reflexões, desviá-los para um novo caminho. Não necessariamente o dele, que ele próprio cortara, mas antes de tudo tentou aconselhá-los a procurar seus próprios caminhos, em si mesmos. Em vão. O ímpeto juvenil e os grilhões criados pela sociedade cegavam-lhes a mente e o coração, tal e qual acontecera antes, com ele.

Antônio viu-se definhar ao perceber inúteis seus esforços para desviar seus protegidos do encontro fatal com a consciência tardia dos erros cometidos. Em depressão, adoeceu e aos 80 anos morreu dormindo em sua fazenda, Flor de Laranjeiras.

O corpo do juiz foi velado no Fórum, Câmara Ardente, em grande estilo. Seu enterro, com pompas dignas de um presidente de província, levou a Nanópolis várias autoridades que foram prestar-lhe uma justa e última homenagem. Se vivo fosse, constataria nosso juiz que, talvez, "a principal qualidade de todo grande homem é estar morto" (ao menos para a sociedade hipócrita), frase que lera uma vez, mas nem se dera conta de seu sarcástico e cruel significado. Todos discursam emocionados, listando as magnânimas qualidades e realizações daquele nobre homem que agora jazia...

VIII

Um ano se passou e o juiz de Severiano Albuquerque é Antônio Albuquerque Filho, primogênito de nosso ex-juiz, nomeado em substituição a Luís Cláudio Filho, transferido para a Capital. Em cerimônia alusiva ao 1º ano da morte do benemérito ex-juiz, Antônio Albuquerque Filho, conforme manchete de jornal local, inaugurou um busto do pai na praça principal de Nanópolis, agora rebatizada de Severiano Albuquerque, pai de Antônio, em homenagem ao pai do velho juiz. Proferindo emocionado e vigoroso discurso, Antônio Filho defendia as virtudes morais de seu pai e sua contribuição para o progresso da região, prometendo dar continuidade à sua obra. A alta sociedade e as autoridades presentes à cerimônia aplaudiam efusivamente o novo juiz. Um assessor do juiz Antônio Albuquerque Filho levantava seu braço e o lançava candidato à presidência da província...

IX

Assustado com o chamado de sua fiel esposa, o juiz Antônio Albuquerque se levantou de sua cadeira de balanço e foi se preparar para o jantar. Teria sonhado, tido um pesadelo ou uma premonição?

Enfim, concluída a refeição noturna, tocou-se para a cama. Teria importante encontro no dia seguinte com o presidente da província do Rio de Janeiro e queria estar bem-disposto, afinal, iam debater medidas jurídicas e políticas destinadas a frear o avanço dos movimentos anarcossindicalistas que estavam a exigir "justiça social e igualdade, como se um peão valesse tanto quanto um fazendeiro ou um juiz", pensou Antônio antes de ir dormir.

Nada como mais um dia de árduo trabalho, na defesa dos sagrados valores da moral e dos bons costumes, da lei e da ordem, da pátria, da família e de Deus, para manter coesa a sociedade e revigorar a alma de um "homem bom".

CAPÍTULO 43

Enquanto pesquisava e lia sobre a vida e, especialmente, sobre as ideias de Loscar, algumas ideias e dúvidas me vieram à mente. Isso é muito bom! A curiosidade e a motivação são as duas maiores forças que nos movem. Será que o mesmo acontecerá com você, querida leitora, prezado leitor? Será que isso vai incentivá-lo(a) a fazer novas pesquisas, novos estudos e a escrever outras histórias? Tomara. Bem, de todo modo, gostaria, isso posto, de expor a você um texto que escrevi, depois de juntar as reflexões ora referidas, a um artigo de um autor japonês, bastante interessante e instigante.

A Ética, a Estética e a Economia do Ser Coletivo: um projeto de subjetividade solidária, para além da sociedade excludente
(*) Bibliografia ao final do livro

O retrovisor é menor do que o parabrisa porque o que passou é uma referência e não a direção do carro. (Mário Sérgio Cortella, filósofo brasileiro)

Limpemos os parabrisas!

Na bela definição do escritor uruguaio Eduardo Galeano (1940–2015), utopia é aquilo que serve para seguirmos em frente, já que seria um horizonte que recua, sempre que tentamos alcançá-lo. Inserida nessa perspectiva, a metáfora anterior, do professor Cortella, leva-nos a especular sobre como temos tratado os nossos parabrisas de vida, limpando-os para ampliar nossa visão ou turvando-os, retardando nossos movimentos. Porém, há que levarmos em conta, igualmente, que se não devemos nos guiar, pelos caminhos da vida pelo retrovisor, também não podemos desprezá-lo, posto que o passado nos ensina a não repetirmos os erros, os quais, do mesmo modo, travam nossa caminhada. Tão importante quanto saber onde estamos e para onde vamos é saber por onde passamos, como realizamos a jornada e em quais condições chegaremos ao destino escolhido ou que nos será possível chegar.

O escritor japonês Akira Mizubayashi (artigo "Língua servil e sociedade da submissão", jornal *Le Monde Diplomatique Brasil*, agosto de 2020), falando sobre a cultura política japonesa, afirmou que ela não contribui para a existência coletiva porque, alega, os japoneses se entendem como uma "nação étnica" e não como uma "nação cívica". A língua japonesa, segundo o autor, é hierarquizada porque a cultura e o país são hierarquizados (ele exemplifica com o fato de que até para um irmão mais novo se referir ao mais velho há hierarquia linguística). Akira diz que os europeus, a partir de pensadores como Rousseau e Hobbes (e pelo menos, ainda, Montesquieu, acrescento) entendem a sociedade como uma construção coletiva, baseada no pacto social, mas essa concepção não existiria no Japão.

Em outras palavras, a associação política em que se baseia a sociedade europeia, conclui Akira, não se aplicaria ao Japão e isso não formaria um "ser coletivo", como na Europa. O escritor identifica essa forma hierarquizada de perceber a sociedade com o que classifica como "apatia política do povo japonês", cuja concepção, assim, seria naturalista, no sentido de acreditar em leis naturais e imutáveis e por elas guiar sua vida. Leis naturais e imutáveis são passíveis apenas de serem obedecidas e não questionadas, e assim as entenderiam os japoneses, o que diferiria da percepção europeia, cujas sociedades são tidas como criações humanas. Corolário de Akira: no Japão, não haveria povo, nem cidadão, nem sociedade, ao menos não como existiria na Europa. O autor só não se arrisca a dizer, ao menos não no artigo aqui mencionado, o que existe no Japão.

As considerações de Akira Mizubayashi são valiosas para (re)pensarmos as sociedades, tanto quanto as próprias existências humanas, sob o ponto de vista da autoconstituição como grupamentos coletivos, cujos agentes internos são seres conscientes de si, de seus espaços de vivência e do mundo ao redor e com o qual interage. Seguem algumas reflexões preliminares.

A forma como um povo cria e vivencia sua língua tem alguma influência em sua identidade e comportamento, enquanto "existência coletiva"?

Parodiando Vinícius de Moraes (1913–1980) ao afirmar, com sua genialidade e sutileza, que o operário faz a coisa e a coisa faz o operário, podemos pensar nos seguintes termos: o povo cria a língua e a língua cria o povo. E o que isso significa? Nós, seres humanos, precisamos nos comunicar, e não é a comunicação um ato apenas de transmissão de dados e de informações, sejam quais forem, venham pelos meios que vierem; comunicar é se fazer entender. Para tanto, homens e mulheres, já que estamos a refletir sobre o mundo humano, desenvolvemos a fala e, posteriormente, a escrita, como a forma concreta e simbólica para nos comunicarmos. Sem isso, não haveria o que hoje chamamos de civilização.

Apreendemos o mundo e com ele interagimos, em primeiro lugar, por meio da comunicação, que é nossa primeira troca, desde o berço; um tempo depois de nascer, o bebê começa a interagir com as mãos e com instrumentos que criamos, e esse processo vai se complexificando e seguindo conosco até o último de nossos suspiros. Concomitantemente, quando criamos signos e discursos, trazemos o mundo para perto de nós mesmos, tão perto quanto possível, já que a identificação homem-objeto é impossível e essa proximidade, também teorizada pelos filósofos existencialistas, vem das possibilidades transcendentes de nossas consciências, no processo livre de existência. Representamos, cognitivamente, o meio exterior a partir das transcendências subjetivas. Na medida em que realizamos essa apropriação do mundo, via processos comunicacionais e interacionais, alteramos nossa senso-percepção sobre ele e nos recriamos enquanto seres conscientes. Eis aqui uma das possibilidades para a consolidação das bases de uma, real ou suposta, a depender do enfoque e da materialização realizada, "existência coletiva". Porém...

O que seria uma "existência coletiva"?

Definir o *ser*, na filosofia, é uma tarefa árdua e que ainda não terminou, já que é um dos muitos não consensos existentes entre os filósofos. Para algumas correntes de pensamento, *ser* é aquilo que existe, tanto animado quanto inanimado. *Ser* é, nessa perspectiva, existir, definição onde a essência coincide com a existência. Para outras correntes, como a dos existencialistas, no entanto, a existência do *ser* precede sua essência, que é construída no decorrer da existência de cada *ser*, de modo dialético e mutante, posto que o *ser* é livre para ser o que quiser. A liberdade de *ser* é o que o caracteriza como *ser*, afirmou o filósofo francês Jean-Paul Sartre (1905–1980). Existir é, assim, usando uma terminologia de outro filósofo existencialista, o alemão Martin Heidegger (1889–1976), estar aí, no mundo, constituindo-se como um *ser* que nunca acaba senão na morte (para alguns, nem assim). Mas até aqui, falamos sobre o *ser* individual e consciente de si como *ser* existente, cuja essência ele vai construindo ao viver, segundo a concepção à qual nos filiamos.

Akira escreveu sobre uma "existência coletiva". Para pensarmos nesses termos, é necessária a admissão de que, sendo o *ser* uma existência consciente, ao menos o ser humano, o único, até onde se sabe, cuja consciência transcende a si mesma e se percebe como um *ser* consciente, além de perceber o mundo com algo que não é si mesmo, o que aqui estamos a chamar de consciência não é uma qualidade do *ser*, mas uma propriedade que pode ser atribuída a um estado de um *ser* não individual, resultado não apenas como somatório, das interações conscientes de *seres*, nos termos aqui propugnados — e, portanto, não homogêneos. É possível mesmo pensarmos assim, uma vez imersos no existencialismo?

Dessa perspectiva, caso a resposta anterior seja positiva, talvez possamos falar em uma "existência coletiva", admitindo-a como uma realidade social não homogênea, porque é disso que se trata quando falamos em uma, mudando um tanto a terminologia, "consciência coletiva". Por outro lado, também é possível fechar este comentário não com uma afirmação, mas com uma nova pergunta. Efetivamente, cabe a menção a uma "existência coletiva" que pressupõe, obrigatoriamente, um "*ser*" homogêneo que, como acabamos de refletir, não tem como existir? Ou, por outro lado, a partir da argumentação de Akira e tomando-a como verdadeira, em que pesem as subjetividades diversas, se há uma sociedade relativamente homogênea, se isso for possível, ao contrário do que até aqui argumentamos, esse fenômeno pode ser tido como uma "existência coletiva" ou como uma "existência imposta de um coletivo alienado"? Há que refletirmos um pouco mais detidamente sobre essa questão.

Se não existe "construção coletiva" do povo japonês, ou de qualquer outro povo, que o molde como um "ser coletivo", como uma "sociedade", então o que há? Se não há, na prática, em decorrência do aqui apontado, individualmente falando, um "cidadão", como entender cada membro desse povo?

Não são apenas autores que pensam o povo japonês, como Akira, que proferem o grito "Não há sociedade!" Muitos assim o declaram porque lhes interessa que não haja mesmo (não cremos, é bom frisar, que seja o caso do escritor japonês). Por exemplo, nos anos 1980, a Primeira-Ministra Britânica Margareth Thatcher (1925–2013), conhecida como "dama de ferro", dizia que a sociedade não existe, apenas os indivíduos existem. É uma definição completamente ideológica e clássica do que hoje conhecemos por neoliberalismo. Negar a sociedade é fazê-lo segundo parâmetros de valorização extrema do que seria seu oposto, o indivíduo, e sob a alegação de o defender, o escraviza. Para quem pensa desse modo, o indivíduo seria o contrário irreconciliável da sociedade e não sua contraparte interativa, por assim os definir.

Acreditar em ideias, para mencionar apenas uma, como a meritocracia estritamente individual, inserida no modelo capitalista de vida, é fazê-lo mediante a crença de que qualquer um de nós pode, usando uma metáfora, apenas com base nos méritos individuais, ser posto em um ringue de boxe e lutar contra o campeão mundial e ainda ter chance de vitória. Para que haja meritocracia real e justa, há que termos equilíbrio social das condições, com todos partindo de bases sólidas e não extremamente diferenciadas e concentradores de renda e de poder, o que é usual no mundo capitalista, como é facilmente perceptível em países como o Brasil. Se isso acontecer, é possível, com nossos méritos, atingir patamares dignos de vida — e assim mesmo, coletivamente falando, até o ponto onde, dada a finitude dos recursos ambientais, não ameace a vida no planeta e, no pequeno mundo humano, não impeça a dignidade alheia. A meritocracia coletiva e solidária deve preceder qualquer proposta de meritocracia individual; caso contrário, é embromação. A sociedade existe, mas não pode continuar a existir como a fonte onde uns tantos bebem e se beneficiam de suas benesses, enquanto a maioria esmagadora apenas move as rodas do moinho que puxa a água límpida em que os ricos se banham alegremente, enquanto os que moveram/movem o moinho morrem de sede e de outros males. Nesta sociedade, existem cidadãos conscientes de seus direitos e deveres, e não mercadorias a serem compradas e escravos, ainda que disfarçados, a serem explorados até o bagaço, quando a grande roda capitalista os descarta à própria (má) sorte.

Constituir-se como uma sociedade hierarquizada leva um povo a ser apático e submisso às (reais ou supostas) Leis Naturais Imutáveis? Há como ser diferente?

Se os pressupostos anteriores estiverem corretos, embora existencialmente talvez não haja como falarmos em uma "existência coletiva", na prática, ela acaba por se fazer presente e do modo mais perverso, posto que a história nos mostra que é, sim, infelizmente, possível manipular as existências subjetivas de um povo, remodelando sua existência coletiva para o deleite e usufruto de seus grupos dominantes ou, como mostrou Gramsci, hegemônicos.

Analisando desse ângulo, criar e/ou manter uma sociedade, ainda que não seja apreendida exatamente desse modo, hierarquizada e artificialmente homogênea, pode levá-la a um crescente estado de apatia e de submissão, o que torna difícil que propostas alternativas vinguem. Leis naturais e imutáveis, de cunho extremado, patriótico, militar e religioso servem muito bem a esse propósito castrador e alienador do que há de melhor no ser humano: sua capacidade, na diversidade, de sonhar com utopias sociais, mais justas e fraternas, impedindo-o, desse modo, de realizá-las ou, ao menos, tornando esse processo mais tortuoso. Contentar-se com o presente recorrentemente imutável é perpetuar certa catatonia existencial e política ou, nos termos de Akira, cívica.

Qual a diferença entre uma "nação étnica" e uma "nação cívica"?

Nação é a reunião de um grupo de pessoas, normalmente pertencentes ao mesmo grupo étnico, mesmo com as mesclas que existem, que falam o mesmo idioma e têm, no geral, os mesmos hábitos culturais. Normalmente a nação, ente coletivo ora delineado em linha gerais, está contida, por assim dizer, em um território, embora essa não seja uma condição *sine qua non*. Etnia, termo muitas vezes entendido como sinônimo de "raça", não o sendo, pode ser definida como um conjunto de pessoas com os mesmos hábitos e valores culturais. Já o termo "cívico" indica a propriedade de pessoas atuarem com civismo, ou seja, de modo a desenvolverem práticas de cunho coletivo para o bem da coletividade (vida civil).

Assim sendo, se pensarmos a partir dessa perspectiva, talvez não faça muito sentido estabelecer o tipo de diferença que Akira expôs, ainda que possamos, no senso comum, entender uma "nação étnica" como um grupo homogêneo de pessoas com seus hábitos universalmente aceitos e uma "nação cívica" como um grupo de pessoas que se entendem não apenas desse modo, mas como apontou Akira, como uma construção política, baseada em pactos sociais ou, no caso do termo por ele empregado, cívicos.

Uma sociedade que acha que está pronta e acabada, nem que seja em linhas gerais, julgando-se o ápice da evolução humana, está fadada ao fracasso. Quem esquece a história a repete, mas normalmente o faz no que houve de pior. A história mostra isso. Não existe sociedade perfeita e, retomando Galeano, os horizontes das necessárias mudanças sociais não podem ser turvado por percepções enraizadas e imutáveis. Limpemos nossos parabrisas! Enxerguemos outras realidades, porque, no fundo, tudo é caricato!

Das levezas e volatilidades dos seres coletivos

A existencialidade social cria sua espacialidade na medida da vivência em todas as múltiplas dimensões estruturais e superestruturais que a materializam, simbólica e fisicamente, material e imaterialmente. A existencialidade social faz emergir no mundo físico sua estética, sua ética e sua economia, criando o que podemos chamar de um *"Ser Coletivo"*, mas que não se sustenta, ao menos, não como um *ser* harmônico e justo, se não houver solidariedade social e generosidade individual (seja das pessoas, isoladamente, seja de grupos de pessoas, seja da institucionalidade). Sem isso, o que temos é uma sociedade, como visto há pouco, excludente.

Efetivamente, é cabível falar em uma *"Existência Coletiva"*, que pressuporia, obrigatoriamente, um *"ser"* homogêneo quantitativamente significativo, o qual, em se tratando de existências humanas subjetivamente tão diversas quanto somos, pode ser desse modo definido e entendido? Esse *"Ser Coletivo"* tem como existir a partir desses parâmetros? O que significa, de um ponto de vista existencialista, a expressão *"Ser Coletivo"* ou *"Existência Coletiva"*, partindo-se do pressuposto dessa corrente de pensamento, de que não há essência que não seja precedida de uma existência e que emerge, na sucessão de aparências, da liberdade do *ser* em ser, ou não, o que desejar ser, com seus projetos futuros de *ser*, tendo em vista sua consciência imanente e transcendente? Se existe alguma sociedade, real ou mesmo relativamente homogênea, esse fenômeno pode ser tido como uma *"Existência Coletiva"* ou como uma "Existência imposta a um coletivo alienado", de um ponto de vista, aqui, não apenas filosófico, mas igualmente político e espacial? Se não existe "construção coletiva" do povo japonês, ou de qualquer outro povo, que o molde como um *"Ser Coletivo"*, como uma "sociedade", então o que há? Se não há, na prática, individualmente falando, um "cidadão", como entender cada membro desse povo e seus espaços de vivências?

A tese central aqui oferecida neste artigo, ao menos no nível da especulação, já que não realizei pesquisa aprofundada para comprová-la ou refutá-la, é que mesmo levando-se em conta, de um ponto de vista da corrente de pensamento chamada existencialismo, que o *ser* existente cria sua essência ao longo de seu processo de vida, com toda liberdade que o caracteriza e que se transforma pela transcendência consciente, tal processo também pode e deve ser aplicado à constituição das sociedades, as quais, a partir de parâmetros similares às subjetividades, (re)modeladas historicamente por fatores políticos e geográficos, constituem-se estética, ética e economicamente naquilo que podemos, com propriedade, chamar de *"Ser Coletivo"* ou "*Existência Coletiva*", ainda que assim não se perceba, e que isso não elimina a heterogeneidade que caracteriza toda sociedade, pelo contrário, faz de sua diversidade a liberdade desse *ser*.

Dizendo de outro modo, minha tese central é que a liberdade que fundamenta o *ser*, numa perspectiva existencialista, a partir de sua transcendência consciente, também pode ser observada, como móvel existencial, em um projeto de "*Ser Coletivo*", fundado com bases culturais e valorativas, ainda que levemos em conta a necessária e saudável diversidade social.

Estética, mímesis, ética e economia: parâmetros essenciais de um Ser (real ou supostamente) Coletivo

Consultando o Dicionário Houaiss, podemos observar que o conceito de mimese está relacionado ao conceito em que o orador, usando discurso direto, imita outrem, na voz, no estilo ou nos gestos; na literatura, mimese é uma recriação da realidade, a partir de recursos platônicos, segundo os quais o artista, ao dar forma à matéria, imita o mundo das ideias. Mimético é o imitador, aquele que tem talento para imitar. Na Filosofia, estética é o estudo, originariamente, das formas de arte e dos processos de produção dos objetos artísticos, além das relações sociais envolvidas no mundo das artes e da cultura. Há outros significados.

A origem da palavra arte vem do latim *ars*, ou do grego antigo *aisthesis*, que muitos traduzem por "percepção", sendo um objeto artístico, uma criação humana apreendida pelos sentidos. Ou seja, dessa perspectiva, o estudo da arte, filosoficamente falando, em boa medida, da estética, é um dos fundamentos para a compreensão da criatividade humana, expressada no objeto artístico, seja ele qual for. Pensando desse modo, os espaços humanos de vivência, sendo uma criação humana, podem, também eles, ser definidos como objetos artísticos e, como tais, passíveis de apreensão, não só, mas também do ponto de vista estético.

Para o crítico literário Luís Costa Lima (2000, p. 32), quem mais defendeu o conceito de *mímesis*, nas artes, foi Aristóteles, embora esse último não tenha, no entender de Lima, chegado a definir o que entendia pelo conceito; tudo o que Aristóteles fez teria sido definir o seu "raio de ação", que abrangeria a arte sem se confundir com ela. Para Costa Lima (2000, p. 33), pensar na *mímesis* é pensar que "a aprendizagem da vida supõe mais do que a habilidade técnica e a competência conceitual". Para Aristóteles, segundo Costa Lima (2000, p. 34), a *mímesis* seria "um ato de adequação ou correspondência entre a imagem produzida e algo anterior [...] que a guia", mas teria um acentuado grau de liberdade em relação a essa anterioridade, tanto pelo que foi feito quanto pela causalidade. O professor Lima (2000) nos mostra que Platão dizia que quem faz cópia não é artista; no máximo é um bom artesão. A cópia não educaria, no entender de Platão, pois não divinizaria o homem e, desse modo, o filósofo grego criticava a ideia de *mímesis*.

Arte pode divertir, apenas, ou deve também educar? O elemento cômico, afirmava o filósofo Henri Bergson (1859-1941), nasceu para corrigir a realidade humana, ou seja, a comédia teria sido criada com uma função pedagógica, no que assemelha sua definição à de Platão (428 a.C.-348 a.C.). A arte existiria, isso posto, como uma forma de catarse, tornando-se, assim, a comédia também um tipo de arte, não obstante outros pensadores, como Hegel (1770-1831), além dos filósofos escolásticos, dessa maneira não pensassem e culpassem a comédia como uma espécie de corrupção da arte, posto que, para eles, o riso quebraria regras e, com isso, a ordem, tão cara aos gregos e aos escolásticos medievais, seria rompida. A tragédia e a comédia têm em comum a catarse, contudo.

O que mais importa: o objeto artístico ou a linguagem artística utilizada? Em Platão, a arte tem que ter, obrigatoriamente, como mostrou o professor Costa Lima, uma dimensão pedagógica, e essa seria a excelência da arte. A normatividade, nessa visão, é pedagógica. Mas há quem entenda arte como não normativa, ou não apenas desse modo. Picasso (1881-1973), por exemplo, procurou em suas "fases" fugir do "lugar comum" de si mesmo e de seus próprios padrões; buscava, o pintor, não normatizações, mas uma desordem criativa, como a denominava. Para outros pensadores, como Santo Tomás de Aquino, a arte só faria sentido enquanto expressão da verdade de Deus e só assim um objetivo artístico seria belo, porque o belo é o bom, o bom é o absoluto e o absoluto é Deus (COSTA LIMA, 2000). Aliás, é uma concepção parecida com a de Hegel, posto que esse último buscava o universal e o todo absoluto, que seria o Estado, na Terra, e Deus. Para Kant, belo é que proporciona prazer ao *ser*. A arte é um importante método perceptivo do mundo e de gerar saber sobre ele, intuitivamente ou não.

O que proporciona prazer ao *Ser Coletivo*? Até que ponto a mimese instrumental dos saberes deste *Ser Coletivo* são postos a serviço dele mesmo e de todos os que dele fazem parte ou apenas dos que dele usufruem em seus aspectos econômicos e políticos ou, em outras palavras, até que ponto podemos buscar, ideal e praticamente, uma Ética Coletiva desse *Ser Coletivo* existencialmente conhecido como Sociedade? E quais as economias (regras e formas administrativas, atendo-nos na origem grega da palavra) que regem esse *ser*, focando, neste particular, naquelas que são representadas por valores tidos como humanistas, que regem e regulam a vida desse *Ser Coletivo*, em sociedade, que vai, ao transcender-se, criando seus espaços de vivências?

Algumas reflexões preliminares acerca dos conceitos de "subjetividade", "sociedade"e "espaços de vivências"

O sujeito, em algumas teorias, não se confunde com a subjetividade. Para os empiristas e os dedutivistas, por exemplo, a subjetividade *viria do* ou *seria apercebida pelo* meio externo ao *ser*. Quer dizer, os fatores que o fazem sujeito, não todos, com certeza, porém alguns (ou muitos deles) não lhe seriam intrínsecos, senão extrínsecos. Vejamos o que tem a dizer o filósofo e psicanalista francês Félix Guattari (1993, p. 17-18):

> [...] o sujeito não é evidente: não basta pensar para ser, como o proclamava Descartes, já que inúmeras outras maneiras de existir se instauram fora da consciência, ao passo que o sujeito advém no momento em que o pensamento se obstina em apreender a si

> mesmo [...]. Ao invés do sujeito, talvez fosse melhor falar em componentes de subjetivação trabalhando, cada um, mais ou menos por conta própria. Isso conduziria necessariamente a reexaminar a relação entre o indivíduo e a subjetividade. [...] Sei que em nome do primado das infra-estruturas, das estruturas ou dos sistemas, a subjetividade não está bem cotada [...] Tudo se passa como se um superego cientista exigisse reificar as entidades psíquicas e impussesse que só fossem apreendidas através de coordenadas extrínsecas.

Talvez com sutil sarcasmo, Guattari (1930-1992) se pergunta (1993, p. 18): "As melhores cartografias de psique ou, se quisermos, as melhores psicanálises não foram elas à maneira de Goethe, Proust, Joyce, Artaud e Becket, mais do que de Freud, Jung, Lacan?". Questionamento intrigante, mas que não foi, por mim desenvolvido neste artigo, para não fugir em demasia do foco a que me proponho na futura pesquisa.

Guattari (1993, p. 21) invoca a responsabilidade e o engajamento não apenas do que chama de "operadores 'psi', mas de todos aqueles em que estão em posição de intervir nas instâncias psíquicas individuais e coletivas (através da educação, saúde, cultura, esporte, arte, mídia, moda etc.)". Quem, senão, além do próprio sujeito consciente, grupos sociais organizados, e até mais, o Estado ou poder público, como um representante da vontade geral, assim chamada por pensadores como Rousseau, teriam condições, operacionais e de credibilidade, para realizar as intervenções a que Guattari alude?

Uma intervenção espacial, por exemplo, como é sabido por muitos, não pode ser meramente quantitativa e/ou apenas de melhoria visual ou mesmo em parte de estruturas físicas. Não que prescinda dessas alterações, mas limitarmo-nos a elas é desprezar toda a dimensão existencial e toda riqueza cultural, típica dos sujeitos individuais e dos *"sujeitos coletivos"*, por assim denominá-los. Esse é um processo eminentemente político, tanto nos aspectos da (re)construção das subjetividades quanto no da (re)construção de seus espaços de vivências.

Guattari (1993, p. 8) não separa as articulações ético-políticas do que chama de "Três Registros Ecológicos", ou simplesmente "Ecosofia", que são, em sua classificação: o Meio Ambiente; as Relações Sociais e a Subjetividade Humana. Em outras palavras, Guattari (1993, p. 25) afirma que "mais do que nunca a natureza não pode ser separada da cultura e precisamos aprender a pensar 'transversalmente'" as três Ecosofias anteriores. A concepção de um espaço urbano, por exemplo, tem que levar em consideração, senão apenas, também os aspectos visíveis, mensuráveis e cartografáveis do território, ou seja, é importante, claro, preservar e intervir na *Dimensão Geométrica* desse espaço. O problema é que, não raro, muitos planejamentos urbanos param nessa dimensão ou dão a ela atenção demasiada e negligenciam possíveis e desejáveis, não de modo imposto, mas pactuado com as populações, intervenções na *Dimensão Existencial* dos cidadãos.

Não obstante, a vida humana, subjetiva e social não pode prescindir dessa última dimensão espacial, a mais importante, aliás, porque é a *Dimensão Existencial* dos cidadãos e de seus grupos sociais que dá à vida, bem como às suas materialidades, sentido. É essa última dimensão, desse modo, que cria e recria, planeja e replaneja, faz e desfaz, move e retarda a *Dimensão Geométrica*. Em outras palavras, a *Dimensão Geométrica* do Espaço Urbano, que podemos definir, em uma palavra, como sendo a cidade propriamente dita, embora não sejam sinônimos assim tão precisos, sendo, ao menos, a expressão de suas materialidades, só existe em função da *Dimensão Existencial* que a faz transladar-se e metamorfosear-se em outro EU. Como assim?

Cada cidade tem, ou melhor, faz nascer, por assim dizer, na interação dessas duas dimensões, a *Existencial* e a *Geométrica*, o seu Espaço Urbano, que pode ser representado, com um quê psicanalítico, talvez, pela sigla "EU": um grande EU Coletivo, com sua própria estética (mobiliário urbano, vias públicas etc.), ética (a cultura comportamental de seus habitantes e seus valores) e economia (leis e regras de convívio social). Ou, retomando a ideia de Akira, o EU original, remodelado, pode continuar um espaço excludente ou pode tornar-se um Eu efetivamente coletivo, com existência coletiva. Esse

EU é ou pode constituir-se em um *Ser Coletivo*, nos moldes aqui teorizados? Em caso afirmativo, quais parâmetros podemos criar ou buscar para que o definamos ou, ao menos, apreendamos alguns de seus modos operacionais? Eis, novamente, a tese central deste artigo.

Cartografar a *Dimensão Existencial* desse EU transmorfo não é uma tarefa de fácil execução: não há "territórios existenciais" visíveis nos quais possamos intervir do mesmo modo concreto como fazemos na *Dimensão Geométrica*. Talvez seja mesmo impossível. Mas contemplá-los analiticamente e, portanto, propiciando algum tipo de "intervenção existencial" pode ser viável, desde que não seja uma "intervenção", como dito anteriormente, imposta, mas pactuada coletivamente pela Vontade Geral, para o benefício geral, pacto esse que pode ser apreendido por parâmetros diversos, como as leis que regulam a vida coletiva, desde pelo menos a concepção original de Montesquieu (senão antes).

Analisar "territórios existenciais" é, pois, permitir que eles sejam "tão desterritorizalizados quanto se possa imaginar" (GUATTARI, 1993, p. 29-30) — frisando que Guattari parece trabalhar com o conceito de território na sua concepção tradicional, ou seja, (quase que apenas, em muitos casos) a base física e mensurável. O conceito (refuncionalizado) de "desterritorialização", contudo, para depois realizarmos uma "reterritorialização" pode ser bastante útil.

A globalização capitalista vige, expande-se e articula planos de intervenção urbana plenamente inseridos na lógica de (re)ocupação e de (re)organização espaciais, ou seja, o espaço entendido na sua *Dimensão Geométrica*, mensurado e preparado para a acumulação do capital nos aspectos da produção e da circulação, seja de mercadorias, seja de mão de obra, seja dos fluxos, seja dos fluxos de serviços ou dos informacionais e/ou dos financeiros. É a cidade-mercadoria, assim definida por Henri Lefebvre (1901–1991), em várias de suas obras, como *A Cidade do Capital* e *A Revolução Urbana*, e seu Espaço Urbano de *Mais–valia*. As subjetividades e seus projetos de vida, verificados na *Dimensão Existencial* do EU, vêm, infelizmente e não raro, nessa perspectiva, apenas a reboque desse processo.

Retomando alguns pensamentos sobre as subjetividades, os corpos, sejam eles quais forem, animados ou inanimados, percorrem o espaço, sozinhos ou conduzidos, material e imaterialmente, consumindo-o, tornando-se, de algum modo, eles mesmos, espaço, e o fazem por mobilidade própria ou conduzidos e esse movimento, material e/ou existencial, e isso faz com que não os objetos inanimados, claro, mas os *seres animados* percebam o seu ambiente, seja inconscientemente, por assim dizer, na base dos instintos e reflexos naturais, como no caso de uma bactéria, seja conscientemente, como no caso do homem e de suas sociedades. Dessa percepção advém, incialmente, uma diferença de cores, odores, formas, sons, espessuras, distâncias, alturas, larguras, comprimentos e proporções que diferenciam um corpo físico do outro, e esses são elementos da dimensão matemática do espaço, ou seja, do *Espaço Geométrico*, tão trabalhado pela arquitetura e pelos planejadores urbanos. Outras percepções, mais difusas e abstratas, como a de que estarmos vivos e as formas como nos relacionamos, enquanto seres autoconscientes e sensíveis perante o mundo, podem surgir posteriormente.

Quando estamos a nos referir aos *seres conscientes*, individual e/ou coletivamente falando, e estando eles inseridos em seus ambientes, naturais e culturais, observamos bastantes diferenças perceptivas, vivenciais e relacionais no tocante à *apreensão dos* e *na interação com os* elementos anteriormente descritos. As relações de uso que os *seres conscientes* e as sociedades fazem dos objetos naturais ou humanos variam, tendo de ser contextualizadas, cultural, política, econômica, histórica e espacialmente; a função que cada *ser consciente* e que cada sociedade atribui a um conjunto de objetos dispostos para além de suas consciências é que dá, ideologicamente falando, a noção do que os circunda, do que eles podem dispor para seu dia a dia e de onde e como eles podem ir para atingir os objetivos de satisfazer suas necessidades existenciais. É nesse momento que os espaços humanos de vivências, antes tidos como apenas, ou prioritariamente, geométricos, tornam-se também vivenciais, ou seja, é nesse momento que nascem o que chamo aqui, para os efeitos deste projeto e da pesquisa, de *Espaços Existenciais (individual e social; subjetivo e coletivo)*.

O real não é, para muitos, uma realidade indiscutível, mas uma representação do que se imagina ser essa realidade ou, dizendo de um outro modo, é uma espécie de ilusão, nem sempre racionalizada, ao contrário do que teorizam alguns pensadores que entendem a realidade de modo bastante mais objetivo, retirando dela interpretações subjetivas ou apresentando-a como delas desvinculadas. No entender do filósofo francês Gaston Bachelard (1884-1962), a imaginação seria uma forma de o *ser* ultrapassar o que afirma ser "a realidade". Imaginação e razão podem caminhar juntas ou não. Para Luchiari (2001, p. 9-10), a razão simbólica:

> [...] desnaturaliza seu significado e revela sua dimensão cultural [...] Ao emergir na história recente com uma ótica preservacionista, o ambientalismo contemporâneo protegeu ecossistemas naturais e tomou, mais uma vez, a natureza como externalidade. Por outro lado, ao reinventar a natureza como paisagem valorizada, abriu caminho para a reincorporação da natureza à sociedade, reproduzindo sua estrutura perversa de estratificação social.

A autora lembra que a natureza, antes do que chama de "período técnico", era pensada como uma força externa às pessoas e que deveria ser vencida para a própria sobrevivência delas. Somente com o passar do tempo e pelo domínio de técnicas várias, o homem não ficou mais (apenas) à mercê das intempéries naturais, e com essa capacidade, a própria constituição dos territórios humanos mudou radicalmente. Para o geógrafo Milton Santos (1996), natureza e sociedade são indissociáveis. A cada época histórica corresponde uma determinada concepção social de natureza e, com isso, "a racionalidade humana organiza os homens e a natureza em territórios [...] o domínio ideológico que estrutura o espaço total está representado também na organização social das paisagens" (LUCHIARI, 2001, p. 11), e isso faz da paisagem (estética geográfica) um ente prenhe de forte carga simbólica. Por isso a autora diz que, ao separar-se da natureza, a sociedade moderna inventou e valorizou a concepção de Paisagem (LUCHIARI, 2001).

O significado estético, coletivamente pactuado, porém, eivado de subjetividade, transforma a paisagem, de natureza morta, em uma representação viva e existencial. As mudanças na paisagem não podem ser analisadas independentemente das práticas sociais que as originaram. Os objetos de uma paisagem, com suas funções e valores, analisados contextualmente, são "imbuídos de significação e intencionalidade" (LUCHIARI, 2001, p. 12-13). É a paisagem que dá forma à ação social; é sua materialidade paisagística que permite que a concretude das representações simbólicas das sociedades se manifeste a olho nu. Para Luchiari (2001, p. 13-14), "tomada pelo indivíduo, a paisagem é forma e aparência. Seu verdadeiro conteúdo só se revela por meio das funções sociais que lhe são constantemente atribuídas no desenrolar da história". Completando a ideia, Milton Santos (1986, p. 13) afirmava que a paisagem "que se encontra na forma-objeto como significante, encontra-se na totalidade como significado". Até o século XVIII, como mostra Luchiari, o termo paisagem era (quase que) um sinônimo de pintura: "Assim foi na mediação com a arte que o sítio – o lugar – adquiriu estatuto de paisagem". Esse conceito de paisagem:

> [...] já associava uma apreensão objetiva (científica) e subjetiva (artística). Desde o início, a apreensão da paisagem como fenômeno visível se colocou como o centro de um conflito entre objetividade (descrição de elementos concretos da fisiologia da paisagem que poderiam ser analisados por qualquer geógrafo) e subjetividade (descrição seletiva dos elementos da paisagem, conforme o interesse explicativo).
> (LUCHIARI, 2001, p. 15).

Alguns autores trabalharam, ao longo do século XX, com a ideia de "morte da paisagem", e a autora se pergunta o que isso pode significar a partir de duas posições. A primeira trabalha com a concepção de que as paisagens antigas estão sendo destruídas pelo homem, mostrando um quê de nostalgia. A segunda posição trabalha com a proposta de que as paisagens têm mudado tanto que não temos mais condições de decifrá-las adequadamente (LUCHIARI, 2001,

p. 17-18). Essa preocupação com o fim da paisagem é tipicamente ambientalista. No entanto, no dizer da autora, "é da natureza das paisagens se transformar [...] O desparecimento de uma paisagem natural, como a Mata Atlântica, por exemplo, significa a substituição daquela paisagem por outra, não sua morte" (LUCHIARI, 2001, p. 21-22). Paisagem é um conceito humano e é o resultado da percepção que temos do que há ao nosso redor, sejam objetos naturais, sejam sociais.

O processo de industrialização e de urbanização acelerados confundem a construção e a organização material das paisagens e de sua representação simbólica. Luchiari afirma, a partir dessa ideia, que:

> [...] dessa forma, vivemos em um período que envolve inquietação estética e ecológica – ambas tentando construir um novo discurso sobre a natureza e, consequentemente, sobre a paisagem. A eliminação das paisagens tradicionais ao olhar humano põe em questão o modelo de desenvolvimento capitalista e os limites do crescimento [...]. O sujeito oculto dessas paisagens – o modo de produção e sua racionalidade de mercado – impregna de ideologia as práticas sociais que organizam os territórios valorizados ou repugnantes. A exclusão social reproduzida no uso seletivo do território coloca em evidência os antagonismos entre a preservação natural e o desenvolvimento social. Hoje, a preservação representa a elitização social na seletividade dos lugares. Apenas os que puderem pagar pelas paisagens naturais idealizadas no imaginário social contemporâneo ganharão a hegemonia nessa nova configuração territorial. (LUCHIARI, 2001, p. 18-19).

O conceito de paisagem é, assim, normalmente, apreendido como se fosse apenas composto por objetos naturais, naturalizando esse conceito e dando a ele uma autonomia inexistente em relação à construção social da qual se origina. Ressignificar o conceito de paisagem, com sua estética, ética e economia passa, então, a ter uma importância redobrada para melhor compreensão dos espaços humanos de vivências e, portanto, como expressão e, ao mesmo tempo, como causa do que podemos chamar de identidade do *"Ser Coletivo"*, como o EU (Espaço Urbano) há pouco mencionado.

A concepção de meio ambiente é uma ideologia constituinte da organização socioespacial contemporânea. Novas paisagens urbanas significam novas culturas sociais e novos métodos de *perceber os* e *de se organizar nos* espaços humanos de vivências.

Luchiari (2001, p. 21) afirma que "a mistificação das paisagens naturais faz parte desse processo maior de estetização do consumo da vida social". As territorialidades são históricas, mudam ao longo do tempo, além de serem geográficas, porque são o resultado da ação humana que ressignifica a vida em sociedade e sua relação com o mundo. "É essa razão simbólica que se impõe na estetização das paisagens pelo consumo" (LUCHIARI, 2001, p. 20-21). Como afirma a autora:

> As paisagens não existem *a priori*, como um dado da natureza, mas somente em relação à sociedade [...] Por meio da habilidade humana, a natureza é transformada em objetos culturais [...] As representações de mundo são construídas na produção desses objetos culturais que, reunidos no tempo e no espaço, transformam a paisagem em lugar. (LUCHIARI, 2001, p. 22).

Uma paisagem pode revelar desigualdades sociais, mesmo que esteja, na aparência, esteticamente agradável e, às vezes, estruturalmente inteira. A economia de uma paisagem esteticamente bela normalmente está ligada ao desempenho da intervenção do capital sobre ela, o que expõe sua ética excludente para a maioria, posto transformar a paisagem dos espaços humanos de vivências em objetos de *mais-valia*. Esse é um processo social que os estudiosos chamam de "gentrificação", que é a transformação de áreas urbanas em que, pelo encarecimento do custo de vida, as populações mais pobres que nelas residiam acabam "expulsas" para outras localidades com menos infraestrutura urbana, como os morros ou bairros periféricos. O resultado final, para as áreas gentrificadas, é a transformação dessas regiões em áreas nobres. A especulação imobiliária, aumento do turismo e obras governamentais são responsáveis por boa parte desse fenômeno. A apropriação da dimensão cultural que gerou uma paisagem é essencial para o trânsito das pessoas em sociedade e para a constituição de subjetividades, seja as dos sujeitos, individualmente falando, seja de grupos sociais vários, seja da sociedade como um todo, constituindo-se, esses dois últimos agentes, os grupos e a sociedade, naquilo que, nesta tese, estamos a chamar de *"Seres Coletivos"*. Todo espaço tem a sua paisagem, mas a sua conceituação, apenas, não define os espaços humanos de vivências em si mesmos, tampouco sua complexidade interna ou externa, na relação com os agentes que neles vivem e com eles interagem. Toda paisagem é a manifestação visível da ação da natureza ou do homem em sociedade, e essa é fruto das percepções que temos e dos pactos existenciais que fazemos; territórios humanos (existenciais) ganham fluidez, velocidade e novas configurações.

Algumas reflexões preliminares acerca dos conceitos de "espaço", "discurso" e "ideologia"

Há quem diga que espaço não existe: existiriam "espaços", tantos quantos pudermos definir e/ou perceber e/ou... De todo modo, dentre as várias concepções possíveis de espaço, ao menos se nos ativermos aos espaços humanos de vivências, existe um espaço da representação? Segundo Bettanini (1982, p. 97), espaço da representação é aquele que:

> [...] ilustra os universais simbólicos: os valores, isto é, a estrutura de referência sobre a qual se fundamenta a ordem institucional [...] O espaço de representação é, portanto, o produto do código geral da cultura administrada pela ordem institucional. Como elemento de legitimação, o espaço de representação produz novos significados - em relação àqueles já atribuídos - aos processos institucionais, promove a integração.

No dizer do autor, "o espaço de representação, próprio da sociedade no status nascenti, é portanto reapropriação" (BETTA-NINI, 1982, p. 99). Quando apreendemos uma coisa, em um processo senso-cognitivo e empírico, a reconstruímos num contínuo processo de apropriação/devolução/reapropriação. Para Edward Soja (1993, p. 101),

> [...] o espaço em si pode ser primordialmente dado, mas a organização e o sentido do espaço são produto da translação, da transformação e da experiência sociais [...] O espaço socialmente produzido é uma estrutura criada, comparável a outras construções sociais resultantes da transformação de determinadas condições inerentes ao estar vivo, exatamente da mesma maneira que a história humana representa uma transformação social do tempo.

Como espaço socialmente produzido, ou seja, como espaço de uma "subjetividade coletiva", Soja (1993, p. 147) afirma que "a espacialidade por ser distinguida do espaço físico da natureza material e do espaço mental da cognição e da representação, cada um dos quais é usado na construção social da espacialidade".

A percepção que o "leitor" do "discurso espacial" pode desenvolver sobre o que se passa no que podemos chamar de *Espaço Ideal ou das Ideias ou das Percepções*, base constitutiva da *Dimensão Existencial* dos espaços humanos de vivências, é igualmente um espaço cognitivo e representativo, ou seja, uma espécie de base para a construção de imagens de vida e de mundo, complementar, mas diferente do *não lugar* utópico de Thomas More ou do espaço socialmente concebido de Henri Lefebvre.

O *Espaço Ideal* está ligado à capacidade do cidadão, a quem podemos chamar, fazendo uso de uma terminologia existencialista, de *Ser-interpretante*, de transcender-se e fazer surgir no mundo o *Ser-político*, a partir, por exemplo, do fluxo informacional da ética, da estética e da economia espaciais à sua disposição, e isso o levará, fatalmente, a uma consciência de seu mundo. E, vale ressaltar, essa consciência é fruto, dentre outras coisas, dos valores culturais comunicados e símbolos políticos da sociedade que a faz surgir no mundo e que pode forjar, a partir dela, os espaços públicos de vivências, que podem nos conduzir, por sua vez, à construção do *"Ser Coletivo"* aqui teorizado, na perspectiva existencialista por mim adotada.

O biólogo e psicólogo suíço Jean Piaget (1896-1980) afirmou, certa vez, que a instituição de uma consciência é função de um "sujeito epistemológico, ou seja, o sujeito ativo e construtor de sua história, pois, toma consciência de seu processo gerador e operacional" (PIAGET, 1979, p. 56). Esse "sujeito epistemológico" e suas operacionalizações estão diretamente ligados ao que nos mostrou a historiadora húngara Agnes Heller (1929-2019) quando disse que:

> [...] o Homem nasce já inserido em sua cotidianeidade. O amadurecimento do Homem significa, em qualquer sociedade, que o indivíduo adquire todas as habilidades imprescindíveis para a vida cotidiana da sociedade [...] É adulto quem é capaz de viver por si mesmo a sua cotidianeidade [...] O adulto deve dominar, antes de mais nada, a manipulação das coisas [...] e a assimilação das coisas é sinônimo das relações sociais. (HELLER, 1992, p. 18-19).

O filósofo francês Jean Baudrillard (1929-2007) mostrou que, do mesmo modo que a mercadoria, entendida como um produto econômico do trabalho humano, é simultaneamente valor troca e de uso, o signo pode ser apreendido como significante e significado (BAUDRILLARD, 1995, p. 145). Esse signo é um símbolo a nos "dizer" alguma coisa e uma imagem mental, uma representação do que entendemos da mensagem que nos está sendo transmitida pelo símbolo em questão, tendo em vista os discursos sociais com os quais nos deparamos cotidianamente. Baudrillard (1995) afirma que não é possível apreendermos a função ideológica da cultura e dos signos em separado; se assim o fizermos, podemos perder, na visão do autor, seus significados ideológicos. Os espaços humanos de vivências estão subordinados, não mais, ou não só, às lógicas da natureza, a base física propriamente dita, podemos classificá-la, desse modo e cada vez mais, à(s) lógica(s) social(is) e suas atividades. No entender da artista plástica polonesa Fayga Ostrower (1920-2001),

> [...] descobrir o espaço e descobrir-se nele representa para cada indivíduo uma experiência a um só tempo pessoal e universal [...] Através de nossa sensação de estarmos contidos num espaço e de o contermos dentro de nós, de o ocuparmos e de o transpormos, de nele nos desequilibrarmos e reequilibrarmos para viver, o espaço é vivência básica para todos os seres humanos. (OSTROWER, 1983, p. 30).

A vivência do espaço, como lembrou Ostrower, ou melhor afirmando, dos espaços, é uma experiência profunda e que deixa as suas marcas. Pensamos em termos espaciais: mapas mentais nos auxiliam a ir de casa à padaria sem termos que pensar o caminho e sem nos perdermos; até nossas referências linguísticas são espaciais. O que significa uma experiência ser profunda? Quando alguém não sabe nada sobre um assunto, não dizemos que essa pessoa "está por fora" ou "por dentro" quando entende do assunto comentado? No nível posicional do *ser* perante o mundo, o psicólogo David Legge (1976, p. 111-113) afirma que:

> [...] na medida em que a representação toma o lugar do próprio objeto, ela é um símbolo. Os processos envolvidos no pensamento requerem extensas manipulações de tais símbolos [...] A tese aqui oferecida é que um sistema simbólico organizado é a base da linguagem [...] Alguns referentes abstratos só podem ser vinculados aos seus símbolos por um longo processo que leva [...] à aplicação de um rótulo. Realizados os primeiros passos na aprendizagem de referentes; os referentes já aprendidos podem ser usados para adquirir novos referentes [...] Um sistema organizado para manipular representações internas reveste-se como auxiliar muito potente do pensamento.

O autor mostra que símbolos podem ser apreendidos como catalizadores dos processos cognitivos se levarmos em conta nossa capacidade de "manipulação" das representações mentais que criamos em nosso dia a dia. Não obstante, símbolos podem também ser entendidos como produtos de processos cognitivos, pois, a partir deles, criamos novas representações e significações. E o pensar significativo é, para o filósofo italiano Umberto Eco (1932–2016),

> [...] um produto das convenções comunicativas como convenções culturais [...] O significante apresenta-se cada vez mais como uma forma geradora do sentido, que se enche de acúmulos, de denotações e conotações [...] Neste sentido, a mensagem como forma significante, que devia constituir uma redução de informação [...], pois representa uma escolha de alguns e não de outros entre os vários símbolos equiprováveis [...] de fato se propõe como fonte de mensagens-significados possíveis. (ECO, 1967, p. 116-119).

A compreensão da semiologia do espaço urbano é essencial para a formação de uma consciência crítica do *Ser-interpretante* e do *Ser-político*. Todo discurso, implícito ou explícito, é a expressão de engendramento de sentido do(s) sujeito(s), individual(is) ou coletivo(s), que o(s) enunciou(aram), e esse(s) sentido(s) só pode(m) ser concebido(s) e entendido(s) a partir da cultura em que foi(foram) gerado(s) e em que circula(m), especialmente se tomarmos por base uma afirmação de Turgot (*apud* LARAIA, 2000, p. 27) que pode servir como mais uma das várias definições possíveis de cultura, na qual afirma que, com um detentor e manipulador de "signos que tem a faculdade de multiplicar infinitamente, o homem é capaz de assegurar a retenção de suas ideias [...] comunicá-las para outros homens e transmiti-las para os seus descendentes como uma herança sempre crescente". Segundo o filósofo argentino Eliseo Verón (1935–2014),

> [...] o sentido concerne à produção do dispositivo significante: quando se emprega uma expressão em lugar de outra, o sentido muda. A denotação concerne ao 'mundo' construído pela linguagem e toda linguagem constrói o mundo, quer seja ele proposto como imaginário ou como real, abstrato ou como concreto, como significante ou como 'puramente' material. A esse mundo chama-

remos a ordem das representações [...] O problema que se coloca é o de saber como tal dispositivo é socialmente produzido. (VERÓN, 1980, p. 179).

A semiose, como o processo de produção do sentido pelos sujeitos discursivos, individuais e/ou coletivos e/ou institucionais, em seus espaços, que pode levar o homem a sair da importante, porém, por si só, insuficiente percepção/concepção — de espaço urbano, por exemplo, é um fator importante do desenvolvimento social, na gestão pública e no gerenciamento desses espaços públicos de vivências humanas e na formação de novas imagens espaciais, por parte dos *seres, subjetivos e coletivos*. O sentido produzido pelos sujeitos, expressos por seus discursos sociais, não é absoluto ou a priori: é socialmente produzido e apropriado, individual e coletivamente; o sentido produzido socialmente é um produto histórico, em todos os espaços humanos de vivências das sociedades.

Nada, e o(s) espaço(s) não foge(m) à regra, deve ser lido de modo "neutro"; todos nós temos a nossa ideologia de vida e os nossos espaços de vivências, e a compreensão desse parâmetro é essencial para a formação, na medida em que é possível ser, efetivamente, formado, do que aqui estamos a teorizar e a classificar como um *"Ser Coletivo"*, com sua *"Existência Coletiva"*. Discurso, aqui entendido como a expressão das ideologias que definem os *seres, subjetivos* e *coletivos*, é o que se fala, como o enunciado de um sujeito, tal como mostra a etimologia, originada do latim *discursus*: "ação de correr". Um navio discursa por sobre as águas, tanto quanto os *Ser(es)-discursivo(s)* – o *Ser-interpretante* e o *Ser-político*, no caso que estamos aqui, neste artigo, tentando classificar e abarcar, discursa(m), a partir de seu(s) lugar(es) da fala (CHARAUDEAU apud CARNEIRO, 1996), transmitindo as informações desejadas de sua(s) mensagem(ns) para o *Ser(es)-interpretante(es)*. É nos discursos sociais que, assim sendo, apreendemos o *"Ser Coletivo"*. No entender de Eliseo Verón (1935–2014),

[...] quando assim se considera a rede semiótica, o sentido aparece, inevitavelmente, como resultado, como produto de um trabalho social [...] O que se manifesta, então, sob a forma de investimentos de sentido nas matérias, é o trabalho social. Numa perspectiva que tal, temos de haver-nos com a ordem do ideológico e com a ordem do poder. (VERÓN, 1980, p. 191). E o que são essas ordens? Segundo Verón (1980, p. 192-193),

> [...] a questão do ideológico, toca às condições de produção dos discursos sociais, e a questão do poder concerne aos efeitos discursivos, isto é, às gramáticas de reconhecimento [...] Todo fenômeno social é suscetível de ser 'lido' em relação ao ideológico e em relação ao poder [...] Descrever o trabalho social de investimento de sentido em matérias significantes consiste em analisar operações discursivas.

Em outras palavras, semiose é o processo mediante o qual produzimos sentidos sociais, analisados a partir de estruturas significativas de ideologia e de poder, as quais deixam marcas profundas na vida social e, por extensão, em seus espaços de vivências. O ideológico tece, nas redes sociais (não apenas nas digitais, porque as antecede, a despeito de muitos desconsiderarem o fato), o modo de atuação dos sentidos produzidos: não pode ser confundido com o sentido em si. Já o poder simbólico é o operacionalizador social desse sentido produzido. Ideologia semiológica, por assim dizer e propriamente dita, foi assim definida por Verón (1980, p. 192-193): "Uma ideologia não é um repertório de conteúdos [...] é uma gramática de engendramento de sentido, de investimento de sentido em matérias significantes".

Vale ressaltar, novamente, que não existe discurso a-ideológico ou ação política aideológica. Mesmo o discurso científico é ideológico, pois produz um sentido social e tal sentido é um fundamento e, ao mesmo tempo, um produto da sociedade que o produziu. Os discursos são sempre ideológicos, pois são sempre peças valorativas e seletivas, donde concluímos que os espaços humanos de vivências jamais poderão ser apolíticos e aideológicos, posto serem o resultado das percepções e das ações humanas em coletividade. A ideologia e o poder, por conseguinte, são constituintes dos discursos sociais. Para Karl Marx (1818–1883),

[...] se se souber olhar bem, todo produto traz os traços do sistema produtivo que o engendrou. Esses traços lá estão, mas não são vistos, por 'invisíveis'. Uma certa análise pode torná-las visíveis: a que consiste em postular que a natureza de um produto só é inteligível em relação às regras de seu engendramento. (MARX apud VERÓN, 1980, p. 199-200).

Por essa razão, Verón (1980, p. 219-220) afirma que "todo discurso se enuncia no imaginário. Só que este imaginário é socialmente construído e é específico para cada tipo de discurso", e para cada *Ser-discursivo* e para cada *Ser-interpretante*, e em todos os seus espaços de vivências, acrescento, muito embora tenham, para esses *seres*, uma base em comum, da qual não poderão jamais escapar.

Ser individual ou *ser* coletivo, pouco importa, a base constitutiva é a mesma ou, ao menos, algo em comum têm: a liberdade existencial para serem o que desejarem ser, ao menos do ponto de vista ideológico, na forma veroniana e marxista, de serem seres que engendram seus próprios sentidos, subjetivos e/ou sociais, de vida histórica.

CAPÍTULO 44

O que acharam desse último texto que escrevi? Será que Loscar o escreveria? As inquietações são semelhantes, não acha? Bom, retomo minha narrativa, após esse passeio por alguns dos textos escritos pelo próprio Loscar, e pelo meu texto, para, em linhas gerais, dar termo à pesquisa. Ao menos para a primeira parte da pesquisa. Até poderia fazer comentários sobre esses contos e fábulas que Loscar escreveu e que acabei de transcrever, para sua apreciação, caro(a) leitor(a), mas prefiro deixar para que você faça seu julgamento, tanto do ponto de vista do gosto estético quando ético/moral, se concordou ou não... Enfim...

De todo modo, angustiar-se pelo que se é ou pelo que se acha ser é uma quase inutilidade com a qual Loscar não concordava. Só depois de alguns anos de reflexão ele chegou a um relativo equilíbrio sobre o seu próprio ser, e muito mais na linha do "por que sou assim" e "para quem sou assim", como já tinha dito antes, do que na linha do "quem sou". O importante na vida é viver feliz o quanto der, sempre que possível, no meio dos momentos infelizes que, fatalmente, existirão e dignamente. O resto... bem, o resto é o resto!

Loscar andou por muitos caminhos, como todos nós. Alguns deles agradáveis, outros incômodos; alguns deles bons; outros nem tanto. Contudo, foram os caminhos que ele construiu e percorreu, com maior ou menor competência, com maior ou menor entusiasmo, exatamente como nós fazemos. Então, uma vez mais, o que fez da vida de Loscar algo extraordinário, a ponto de merecer uma pesquisa, como a que fiz? E o que justifica que me ativesse, basicamente, às ideias de meu personagem, mais do que sua vida, como um todo?

Acho que as respostas são bastante pessoais, quer dizer, cada leitor(a) vai ter as suas, e não desejo, de modo nenhum, interferir no seu livre sentir e pensar. Mas vou arriscar alinhavar, de modo resumido, minhas duas respostas para as perguntas anteriores. Respostas, afinal, que justificam o porquê de minha pesquisa e, se você, leitor(a), chegou até aqui, acho que merece um arremate, por assim dizer, de tudo o que expus, embora, frise, é apenas uma visão a mais que ofereço à sua reflexão.

Nosso amigo Loscar foi uma pessoa comum, de um lugar comum, vivendo um tempo comum, com uma vida comum, mas isso, por si só, já é algo extraordinário. Como assim? O diplomata e escritor brasileiro João Guimarães Rosa (1908-1967), em *Grande Sertão: veredas*, disse que "viver é muito perigoso" ou, em forma de ditado popular, "para morrer, basta estar vivo", e complementa (não exatamente com essas palavras, mas em minha interpretação): aprender a viver é que é o verdadeiro viver e coragem é o que a vida espera da gente. Coragem de viver e não de morrer em vida, leitor(a).

Todos nós, por mais comuns que pareçamos, somos extraordinários, porque todos nós vivemos! Alguns tentam e, efetivamente, conseguem fazer de suas vidas algo excepcionalmente extraordinário, mas isso não diminui a vida de nós outros, pobres mortais. Todos nós somos extraordinários porque escrevemos, com nossos sentimentos, pensamentos e ações, um verso para essa grande e linda poesia que é vida! Isso, em si, já basta, para mim, como justificativa para pesquisar sobre a vida de (quase) todos e cada um de nós. Sua vida, leitor(a), é extraordinária e certamente há muitas coisas nela que merecem registro.

Tudo bem, e por que me ative às ideais de Loscar, no relato que originou este livro, independentemente da justificativa anterior? É o que você ainda pode estar se perguntando. Porque valorizo as ideias como um grande reflexo do que as pessoas desejam ser, para além, muito além do que efetivamente são ou mesmo do que conseguem ser. Quantas vezes você não se deparou com alguém, mais de uma pessoa, que fala uma coisa e faz outra. Algumas delas você sabe que são cínicas, mas outras você percebe sinceridade na fala, embora não veja maiores consequências nos atos. Ou seja, são boas pessoas, mas não conseguem casar o discurso com a prática. Quem aí não fez umas quantas promessas de Ano-Novo? Quem não prometeu para si mesmo que ia começar uma dieta na 2ª feira e manteve a promessa, com rigor, até a... deixe-me ver... a 3ª feira?

155

Isso quer dizer que as ideias podem até não indicar, exatamente, quem a pessoa é, mas talvez possam dar alguns indícios do que ela gostaria de, pretende e tenta ser. Talvez até, mais do que isso, podem indicar o porquê de as pessoas serem como são, uma vez que elas podem ser, sob determinado ponto de vista, o resultado do jogo interno dos opostos *"ser x não ser"*. A contradição é inerente ao ser humano.

Até aqui, tentei falar um pouco sobre quem, aparentemente, foi Loscar, a partir do que ele falava e escrevia. Em outras palavras e mais precisamente, procurei trazer a público algumas ideias dele porque achei que elas podem, além de diverti-lo(a), ser úteis de algum modo, como fatores de reflexão pessoal. Espero ter atingido meu objetivo. A resposta à pergunta "quem sou eu" ou "quem foi fulano" é de difícil resolução e, acho mesmo, sempre ficará sem uma resposta satisfatória, mas a tentativa vale por si só. De todo modo, restaria, ao menos, "por quem sou" e "por que ser o que sou". Mas isso não foi contemplado na pesquisa porque exigiria outro direcionamento do trabalho, além de outra pesquisa, possivelmente, maior do que esta que fiz. Quem sabe não fica para outro livro?

De todo modo, tentando oferecer à sua apreciação, caro(a) leitor(a), minhas respostas, busco em mim mesmo a justificativa para ter pesquisado outra vida, a de Loscar, e eis que me deparo com o porquê de tê-lo feito. Loscar foi um sujeito simples e complexo; alegre e introvertido; ansioso e calmo; por vezes egoísta, porém solidário; nervoso em alguns momentos, mas gentil no dia a dia, enfim, uma pessoa contraditória, mas que viveu sua vida com alegria e bom humor, como queria e como achou que devia ser vivida.

As ideias de Loscar sobre as coisas, sobre o mundo, sobre as pessoas, sobre a vida me chamaram a atenção porque sinto-as como minhas, sem que talvez as sejam. Possivelmente não são, mas o que importa?

Loscar soube viver? Não sei? Quem sabe? Quem pode julgar uma vida? Tudo o que sei é que ele viveu com dignidade, procurando agir de modo afetuoso e correto para com os outros e, nas palavras

REFLEXÕES DE UM INEXISTENTE:
HISTÓRIAS DE LUGAR NENHUM OU UMA AUTOMEMÓRIA NÃO AUTORIZADA

dele próprio, apesar dos pesares, manteve o bom humor e foi feliz, na medida do possível, mesmo com a consciência de seus defeitos e dos olímpicos erros cometidos ao longo da vida. Algo mais importa?

(*) BIBLIOGRAFIA DE CONSULTA E PARA APROFUNDAMENTO

BETTANINI, Tonino. **Espaço e ciências humanas**. Rio de Janeiro: Paz e Terra, 1982.

BOBBIO, Norberto. **Teoria geral da política**: filosofia política e as lições dos clássicos. Rio de Janeiro: Campus, 2000.

COELHO, Teixeira. **Dicionário crítico de política cultural**. São Paulo: Iluminuras, 1999.

ECO, Umberto. **Obra aberta**. São Paulo: Perspectiva, 1967.

ELIAS, Norbert. **A sociedade dos indivíduos**. Rio de Janeiro: Jorge Zahar, 1994.

GOLDMANN, Lucien. **Ciências humanas e filosofia** — O que é Sociologia? Rio de Janeiro: Bertrand, 1993.

GUATTARI, Félix. **As três ecologias**. São Paulo: Ed. Papirus, 1993.

HELLER, Agnes. **O cotidiano e a história**. Rio de Janeiro: Paz e Terra, 1992.

JAMESON, Frederic. **Espaço e imagem** — Teoria do pós-moderno. Rio de Janeiro: UFRJ, 1994.

LEFEBVRE, Henri. **La production d'espace**. Paris: Anthropos, 1974.

LEFEBVRE, Henri. **A revolução urbana**. Belo Horizonte: UFMG, 1999.

LEGGE, David. **Introdução à ciência psicológica** — Processos básicos da análise do comportamento. Rio de Janeiro: Zahar Editores, 1976.

LIMA, Luiz Costa. **Mímesis**: desafio ao pensamento. Rio de Janeiro: Civilização Brasileira, 2000.

LIPOVETSKY, Gilles; CHARLES, Sébastien. **Os tempos hipermodernos**. São Paulo: Barcarolla, 2004.

LUCHIARI, Maria Tereza Duarte Paes. A (re)significação da paisagem do período contemporâneo. *In*: CORRÊA, Roberto Lobato; ROSENDAHL, Zeny. **Paisagem, imaginário e espaço**. Rio de Janeiro: Eduerj, 2001.

MARX, Karl. **Para a crítica da economia política**: salário, preço e lucro – o rendimento e suas fontes. São Paulo: Abril Cultural, 1982.

MARX, Karl. **O capital**. Rio de Janeiro: Civilização Brasileira, 2002.

MONTESQUIEU (Secondat, Charles-Louis de – Barão de La Brède e Montesquieu). **Do espírito das leis**. Coleção "Os Pensadores". São Paulo: Abril, 1973.

OSTROWER, Fayga. **Universos da arte**. Rio de Janeiro: Campus, 1983.

SARTRE, Jean-Paul. **O Ser e o nada**: ensaio de ontologia fenomenológica. Petrópolis: Vozes, 1997.

SEMPRINI, Andrea. **Multiculturalismo**. Bauru: Edusc, 1999.

SILVA, Benedicto (org.). **Dicionário de ciências sociais**. 2.ed. Rio de Janeiro: Fundação Getúlio Vargas, 1987.

SOJA, Edward William. **Geografias pós-modernas**. Rio de Janeiro: Jorge Zahar Editor, 1993.

VERÓN, Eliseo. **A produção de sentido**. São Paulo: Cultrix, 1980.